'조금 다름'이 주는
내 인생의 달음,

프롤로그 **006**

가장 얻기 어려운 것, 타인의 心
心의 창의성 습관 기르기

'공감'하고, '배려'하라
타인의 마음을 읽는 공감의 창의성 키우기 **016**

멍~ 때리고, 텅~비우고
비움의 창의성 끌어 올리기 **026**

모든 것과 이별할 수 밖에 없는
'이별'하며 창의성 높이기 **034**

실패하고, 실패하고, 또 실패하고
실패에서 배우는 창의성 기르기 **042**

우주가 인간에게 준 두 가지 능력 중 하나 '사랑하기'
사랑하며 창의성 쌓기 **048**

놀면서 나도 모르는 사이에
樂의 창의성 습관 기르기

뛰고 넘어지고 달리고 **운동하면서도 창의성 강화하기**	**058**
레시피 없이 엉뚱한 요리하고 희한한 음식 하며 **요리의 창의성 올려 보기**	**068**
만화 보며 놀며 즐기며 **낄낄깔깔 웃다 보면 창의성이 쑥쑥**	**078**
스마트폰 카메라로 사진 한 장으로 **독창적 사진찍기로 창의성 즐기기**	**086**
영화 한 편 보며 **내 안에 숨어 있는 창의성 깨우기**	**092**
온라인, 모바일 게임은 아니죠! **나만의 게임하기로 창의성 두 배로**	**100**

習

공부? NO 쏠쏠히 쌓이는 학습
習의 창의성 습관 기르기

글 쓰기 **글 속에 창의성 듬뿍 담아 보기**	112
'알쓸신잡'하면 어느 새 나도 모르게 **쌓이는 창의성 주워담기**	122
세상의 캔버스 **신문 보면서 창의성 길러 보기**	130
소설 읽기 **스토리를 읽고 느끼고 깨달으며 내 속의 창의성 불러 보기**	138
詩 읽기, 詩 쓰기, 詩 느끼기 **詩를 품으며 창의성 품어 보기**	146
그림 아닌 그림 그리며 **창의성 레벨 업 시작**	156

위대한 것은 일상
常의 창의성 습관 기르기

'WHY'에서 시작해 'WHY'로
'와이'로 키워지는 창의성   **166**

매일 매일 갈아 입는 옷
'인싸'도 되고 창의성도 '줍줍'   **174**

질문하고, 질문하고, 또 질문하고
질문하면 창의성이 최대치로   **182**

쇼핑하고 물건 사면서
독창적 소비로 창의성 길러 보기   **190**

실제 창업(?), 가상 창업(!)
창업으로 창의성 끌어올리기   **200**

언택트 서핑(Surfing)
인터넷 서핑으로 창의성 영끌 하기   **208**

에필로그   **218**

너무 잘 하려고 하지마
조금 다르면 돼

'CRIEATIVE'

2000년 4월 서울의 한 경제신문에서 기자생활을 시작했습니다. 약 8년차쯤 됐을 때 수습기자 시험 감독을 들어간 적이 있었습니다. 그래도 선배 기자랍시고, 저는 뒷짐을 지고 기자가 되겠다고 시험을 보러 온 분들을 감독했습니다. 1교시 종합 상식을 보고 난 뒤 2교시 작문 시험 시간이 됐습니다. 작문 시험문제가 담긴 편지봉투를 받아 뜯었습니다. 편지 봉투 안에 있는 A4용지에는 '左'라는 한자어 한 자가 써 있었습니다.

예. 작문 시험문제는 '左'였습니다. '左'만 칠판에 적어주고 수험생들은 '左'와 관련된 글을 써 내려가는 거였습니다. 다들 막막했을 겁니다. 어떻게 B4 사이즈의 답안지를 左와 관련된 글로 채워 내려가야 할지 답답했을 겁니다. 어떤 수험생은 먼 산을 보고, 어떤 수험생은 손가락으로 볼펜을 돌리고 있을 때, 한쪽 구석에 앉아 있던 한 수험생을 봤습니다. 이 분은 시험지의 반을 접더니, 바로 '좌' 측에만 글을 써 내려가기 시작했습니다. 작문 주제가 '左'이니 '左' 측에만 글을 써 내려간 겁니다. 이 분을 보고 저는 깜짝 놀랐습니다. 이 분의 순발력과 창

프롤로그   7

의력에 감탄했습니다. 흐뭇한 표정으로 이 분의 글을 뒤에서 훔쳐보기도 했습니다. 그리고 이 분과 같이 일하고 싶다는 생각을 했습니다. 당연히 이 분을 당시 편집국장께 적극 추천 했습니다. 그런데. 이 분 최종 선택되지 못했습니다. 편집국장은 이 분의 글이 좋지 않다는 이유로 뽑지 않았습니다. 제 생각에는 당시 편집국장보다 훨씬 뛰어난 (?) 필력을 보였는데도 말입니다. 아마 이 분은 더 좋은 언론사에서 더 화려한 필력으로 멋진 기자생활을 하고 있을 것이라고 믿습니다. 아니 그 정도의 창의적, 창조적 코드를 갖고 있는 분이라면 더 훌륭한 직업을 선택했을 것이라 의심치 않습니다.

여하튼 이 오래된 얘기를 꺼내는 이유는 간단합니다. '창의성', '창조성'을 말씀드리기 위해서 입니다. 코로나19로 전 세계가 몸살을 앓고 있습니다. 그 흔한 여행도 마음대로 가 보지도 못하고 있습니다. 그렇지만 코로나19는 반드시 인간의 지혜로 잡아낼 수 있고, 극복할 수 있을 겁니다. 코로나19 이후, 포스트 코로나 시대를 어떻게 준비해야 할까요? 그 해답은 바로 창의성, 창조성입니다.

그런데 창의성, 창조성 얘기는 수십년도 더 된 얘기입니다. 그런데도 우리는 항상 제자리 걸음만 걸어 왔습니다. 그렇게 수도 없이 창의성과 창조성을 강조하고, 교육을 시켜 왔는데 뭐 하나 달라지지 않았습니다. 이유는 간단합니다. 항상 '이론'에 파묻혀 있었기 때문입니다. 다름을 추구하는 아이들은 이상한 아이로 취급을 받았습니다. 괴짜스러움은 이상함으로 변형됐습니다. 회사에서 뭔가 톡톡 튀는 아이디어를 낸 직장인은 슬쩍 밀려났습니다. 이론에 매몰돼 있다 보니 실제 그런 사람들은 '이상함'으로 밀렸습니다. 그러니 입으로만 창의성, 창조성을 얘기하면서 실제 두뇌 속에서는 과거 얘기만 되풀이 했던 겁니다. 이제는 이론에서 벗어나야 합니다. 완전히 헤어져야 합니다. 이론은 이론일 뿐입니다. 어른이고 아이고 할 거 없습니다. 직장인도 마찬가지입니다. 아이를 키우는 부모도 크게 다르지 않습니다. 더 이상 이론에 얽매여 있으면 안 됩니다. 학생들은 학생 나름대로 창조성의 무기를 갖춰야 합니다. 그래야 조금 다른, 조금이라도 뛰어난 면모를 보일 수 있습니다.

직장인은 직장인 나름의 창의성을 갖춰야 합니다. 그래야 살아남을 수 있습니다. 이를 위해 창조적 습관을 길러야 합니다. 습관도 매우 어려운 습관을 얘기하는 것이 아닙니다. 간단히 우리 일상 생활을 하면서 하루 하루 일반적으로 하게 되는 습관을 말씀드리는 겁니다. 창의적, 창조적인 습관을 하루 하루 길러 나가게 되면 자신도 모르게 '나'는 창조적 인물이 됩니다. 창의적 발상을 하는, 창조적 행동을 하는 인물로 바뀌어 있을 겁니다. 습관적으로 하루 일상을 살아 나가면서, 부지불식(不知不識)간에 몸 속의 DNA가 창의적, 창조적으로 바뀌게 되는 겁니다. 그럼 조금 자세히 어떻게 하면 좋을까요? 하루 하루 일상의 생활 속에서 습관적으로 나를 창의성의 바다, 창조성의 강물에 던지는 겁니다. 그럼 자연스럽게 창의적, 창조적 세포가 몸 속에 스며들 겁니다. 창의성의 바다, 창조성의 강물에서 개 헤엄이라도 치면서 살아 남는 방법, 즉 창조적 습관을 기르는 방법을 터득하게 될 겁니다. 거창한 얘기를 하지 않겠습니다. 그렇게 제가 전문가적이지도 않습니다. 뇌(腦)를 연구했거나 전문적으로 파고든 적도 없습니다. 요즘 유명세를 날리는 뇌 과학 전문가도 아니고, 저명한 교육학자, 몰입주의자도 아닙니다.

그저 사회생활을 하면서 창의성, 창조성에 대한 궁금증을 오랜 시간 동안 가져 왔습니다. 이런 궁금증의 껍질을 20년 가까이 벗겨 왔습니다. 창의성 전문가나 뇌 전문가가 아니기 때문에 이론적 근거를 대면서 학술적으로 그 로직(Logic)을 얘기할 수도 없습니다.

오로지 일상생활에서 그 답을 찾으려 했고, 어렴풋하게나마 얻은 그 어쭙잖은 솔루션을 많은 이들과 공유를 하고 싶을 뿐입니다. 책을 읽으면서 조금 더 창의적으로 책을 읽는 방법에 대한 고민을 해봤습니다. 영화 한 편을 보더라도 어떻게 하면 조금 더 창조적 발상과 상상을 할 수 있는지 생각해 봤습니다. 옷을 입을 때, 어떻게 하면 남다른 모습을 보일 수 있는지 고안해 봤습니다. 남과 다르게 보이려고 노력하는 모습에서 각 개인의 창조적 가치는 빛을 발할 수 있기 때문입니다. 이외에도 신문을 읽을 때, 만화를 볼 때, 음식을 할 때, 그림을 그려 보거나, 쇼핑을 할 때도 창의성을 기르는 습관을 기를 수 있다는 점을 깨달았습니다. 또 삶의 방식 중 하나인 타인에 대한 배려나 공감 그리고 멍 때리기 등에서도 창의성을 높일 수 있는 방법을 찾아 냈습니다. 이렇게 일상생활을 하면서 습관적으로 창의적 행동을 하려고 노력한다면, 희한하게 일정 시간이 지나면 그 창의적 행동이 습관이 되고, 그러다 보면 자신도 모르게 창의성, 창조성은 내 몸 구석구석에 퍼져 나의 창의성, 창조성 세포는 분열을 통해 엄청난 수준에 도달해 있을 것입니다. 조금씩 조금씩 나의 창의적, 창조적 습관을 길러 나가다 보면 나의 행동이, 나의 말이, 나의 손이, 나의 뇌가 창의적으로, 창조적으로 움직일 거라고 말씀드립니다. 그렇게 '창조계급'의 반열에 오를 수 있습니다.

포스트(Post) 코로나 시대에 어떤 인류가 살아남을 수 있을까요? 2010년 초반에 나온 책이긴 합니다만, '신 창조 계급(Creative Class)'이라는 책이 있었습니다. 과연 우리 아이들이 어떤 계급에 속하기를 원하십니까? 또 당장은 아니더라도 조금 더 창의적 노력을 통해 본인은 어떤 계급으로 이동하고 싶습니까? '계급'이라고 말씀드리면 너무 딱딱하지만 창조계급, 즉 'Creative Class'에 속하면 어떨까요? 꼭 계급일 필요는 없습니다. 오히려 조금 창조적인, 창의적인 사람이 되면 어떻겠습니까? 직장에서도, 학교에서도, 친구 사이에서도, 조금 더 창의적, 창조적 사람이면 어떨까요? 자연스럽게 습관을 기르며 생활하다 보면 'Creative Class'에 포함될 수 있습니다. 결국 창의성, 창조성, Creative가 답입니다.

코로나19로 참 무서운 세상이 됐습니다. 모든 것이 끊기고 단절됐습니다. 연결 사회라는 것은 오히려 독이 됐습니다. 이제는 비대면, 비접촉의 '언택트' 시대가 됐습니다. 그러나 창의성은 이런 시대에 더 큰 힘을 발휘할 겁니다. 당연합니다. 어차피 세상은 이런 창의적 인재들, 창조성이 뛰어난 인물들이 만들어 왔습니다. 앞으로 더 이런 가치들이 높은 평가를 받을 수밖에 없습니다.

다시 한 번 강조합니다만 창의성, 창조성 그리고 Creative는 코로나 19 시대 전이나 이후인 포스트 코로나 시대에도 최고의 가치가 될 겁니다. 일부러 책에 여백을 많이 넣으려 노력했습니다. 독자분들이 이 여백에 많은 '끄적임', '메모'를 했으면 하는 바람 때문입니다. 제 졸필의 글에서도 독자분들의 빛나는 아이디어가 떠오른다면 바로 끄적임을, 메모를 하십시오. 이 작은 낙서가 여러분의 창의성, 창조성을 끌어 올릴 겁니다. 책 소제목에 '너무 잘 하려고 하지마!'라는 문구를 넣었습니다. 다 이유가 있습니다. 너무 잘 하려고 집착합니다. 다들 너무 잘 하려고 아등바등 삽니다. 또 어떤 분들은 너무 잘 하려고 하다 모든 것을 잃기도 합니다. 너무 잘 하려고만 합니다. 그러나 '너무 잘 하려고 하지마!'라는 구절이 대충 살라는 의미는 아닙니다. 적당히 살라는 것도 아닙니다. 너무 잘 하려고 집착하고, 아등바등하고, 매몰돼 있지 말라는 겁니다. 조금 다름을 추가하라고 말씀드리고 싶은 겁니다. 조금 달라야 한다는 얘기를 하고 싶은 겁니다. 너무 잘 하려고 하지 마십시오. 조금 다르게 생각하고 행동하시면 됩니다. 조금 다름이 큰 다름을 불러 일으킵니다.

이 책을 내기까지 꽤 오랜 기간 동안 큰 도움을 준 2020년 현재 중학교 2학년 딸 아이 수린에게 감사하다는 말을 잊지 않고 싶습니다.

왼쪽, 오른쪽 신발 끈을 달리 매며 나름대로의 '다름'을 일상 생활화했던 아이, 치즈를 넣은 만두소로 만두를 만들던 모습을 보여줬던 아이, 휴대전화 카메라로 사진을 찍어도 다른 앵글로 사진을 찍어 준 아이, 놀이를 해도 다른 아이들과는 전혀 다른 접근법을 보였던 아이. 이 아이에게서 수 많은 아이디어를 얻었고 그 결과물로 이런 책을 낼 수 있었습니다. 다시 한 번 감사합니다. 유근석 한국경제매거진 대표님께도 감사의 말씀 꼭 드립니다. 이선정 한국경제매거진 콘텐츠 사업본부 팀장님께도 감사의 말씀 드립니다. 무엇보다 일러스트를 처음부터 끝까지 창의적 관점에서 기획하고 그려주신 김세진 작가님에게도 무한한 감사의 말씀 드립니다. 다음에도 좋은 기회를 주신다면 김 작가님과 좀 더 창의적, 창조적 기획물을 같이 해보고 싶습니다.

마지막으로 매일같이 許作크를 위해 물심양면으로 뒷바라지 해주신 김화경 님에게도 감사의 말씀 꼭 전합니다. 원고를 준비하던 수년 동안 많은 분들이 도움을 주셨습니다만, 일일이 다 말씀드리지 못해 죄송할 따름입니다. 다들 감사합니다. 고맙습니다.

이름 안 넣어줬다고 서운해 하시지 말아주셨으면 합니다. 도움 주신 분들의 성함만 넣으려면 10만명(ㄱ~ㅎ까지) 정도가 넘어 어쩔 수 없음을 이해해 주시기 바랍니다.

2020년. 許作크

心樂習常

가장 얻기 어려운 것, 타인의 心
心의 창의성 습관 기르기

'공감'하고, '배려'하라
타인의 마음을 읽는 공감의 창의성 키우기

공감은 다른 이의 시선으로
세상을 경험 하기 위한
그의 마음을 타고 오르는 아찔한 행동.

미래학자 **다니엘 핑크**

'공감'과 '배려'에 무슨 창의성이냐 하실 분들이 계실 겁니다. 상대방이 뭐가 필요한지, 상대는 무슨 생각을 하는지 공감을 하고, 배려하는 마음에서 바로 창의성이 극대화될 수 있다는 점을 말씀 드리려는 겁니다. 37년 전 미국에서 재미 있는, 그러나 매우 창의적인 시도가 있었습니다. 이는 바로 '공감'이 어떻게 창의성에 영향을 미칠 수 있는지에 대한 좋은 사례일 듯합니다. 잘 걷지도 못하는 한 노인이 미국은 물론 캐나다 등지의 116개 지역을 3년간 떠돌아 다녔다고 합니다. 어떤 날은 노숙자의 모습으로, 또 어떤 날은 돈 많아 보이는 귀부인의 모습으로 말입니다. 그리고 얼마 후 이 노인이 세상을 깜짝 놀라게 할 제품을 들고 나타났습니다. 무엇보다 노인의 마음을, 노인의 신체를 공감하고 배려해준 제품들이었습니다. 더 놀라운 점은 이 제품을 들고 나온 노인은 노인이 아닌 26살의 젊은 디자이너 패트리샤 무어(Patricia Moore)였다는 점입니다.

당시 그녀가 세상에 내놓은 제품은 뭐 대단히 창의적이라고 생각하지 않을 수도 있습니다. 그러나 이 제품들은 노인들에게는 최고의 공감과 최상의 배려심이 배어 있는 그런 제품이었습니다. 바로 높이를 낮추고 계단을 없앤 저상 버스, 또 양손잡이용 칼과 가위, 손잡이를 고무로 만든 냄비, 소리가 나는 주전자 등이 바로 패트리샤 무어가 고안한 제품이었습니다. 패트리샤 무어가 3년여간 노인 행세를 하며 노인들의 마음에 공감하고, 배려심을 키우며 배운 것을 고스란히 자신의 창의적 제품에 쏟아 넣은 결과물이었습니다. 3년동안 노인의 생활을 해 보고 나니 노인들이 대체 무엇이 불편하고, 무엇이 필요한지 깨달았던 겁니다.

공감과 배려는 바로 상대방의 마음을 깨닫는 겁니다. 타인의 마음을 깨닫는 것. 그것이 바로 창의성의 시작점 이기도 합니다. '심찰'(心察)이라는 다소 어색해 보일 수 있는 이 한자의 조합이 어울릴지는 모르겠습니다. 마음을 관찰하는 것으로 상대방과 공감하고, 타인을 배려할 수 있는 능력까지 끌어 올릴 수 있다는 것을 뜻합니다. 상대는 어떤 마음 상태일지 주의 깊게 생각해 보고 그 상대방을 위해 뭔가를 해 주려는 마음이 바로 배려이고 공감입니다. 이 '배려심'과 '공감력'을 끌어 올리면 자연스럽게 창의성은 높아질 수밖에 없습니다. 입장을 바꿔 보기도 하고, 상대의 얘기에 귀 기울여 주고, 상대의 아픔에 동참하고, 상대의 눈을 마주 보고, 상대방의 손을 잡아 주며 상대와 함께 울고 웃으면 됩니다. 이것이 바로 '공감'이고, '배려'입니다.

간단히 친구들과 등산을 갔을 때, 같이 간 친구들이 등산 중 갈증이 날 것으로 예상해 얼음물을 싸 오는 것도 작지만 큰 배려일 수 있습

공감과 배려는 바로 상대방의 마음을
깨닫는 겁니다. 타인의 마음을 깨닫는 것.
그것이 바로 창의성의 시작점 이기도 합니다.

니다. 감귤 몇 개, 에너지 바 몇 개, 초콜릿 몇 개를 준비해 주는 것도 배려감인데, 이는 곧 창의적 습관과 연결됩니다. 같이 농구를 하는 친구들을 위해 이온음료를 시원하게 해 싸오는 것도 대단한 배려입니다. 누구나 다 하는 선행이 아닙니다. 대부분이 이런 배려를 전혀 하지 않습니다. 타인을 배려하는 이들에게는 당연히 창의적 코드가 있습니다. 요즘 비가 올 때 큰 건물 입구에 젖은 우산을 넣는 비닐 봉투를 준비해 주지 않습니다. 우산을 그대로 건물로 들고 들어가면 바닥에 빗물이 떨어져 청소하시는 분들의 수고가 많아질 수 있습니다. 이럴 때 개인적으로 비닐 봉투를 준비해 여기에 젖은 우산을 넣어 주는 것도 상대방, 즉 일하는 분들을 위한 배려일 수 있습니다. 배려는 상대방이 어떤 상황에 놓여 있는지 관찰하는 것에서 시작되고, 이 관찰에서 바로 창의적 습관이 길러지게 됩니다. 상대방의 상황을 꼼꼼히 살피는 것을 '마음 읽기' 정도로 표현될 수 있을 듯합니다. 공감과 배려가 창의적 습관을 길러 줄 수 있는 이유입니다.

공감과 배려는 분명 '소통'과 연결될 수밖에 없습니다. 공감, 배려 그리고 소통할 수 있는 능력을 갖추는 것은 분명코 창의적 능력을 향상시킬 수 있습니다. 일부 천재 혹은 크리에이터들이 공감도 못하고, 타인을 배려할지도 모르며, 소통 능력도 갖추지 못했다는 스토리는 여기 저기 깔렸습니다. 영화 〈이미테이션게임〉의 모티브를 제공했던 앨런 튜링이라는 수학자도 그랬습니다. 천재들은 나 혼자 모두 시작해 모두 끝낼 수 있기에 공감과 배려 그리고 소통을 할 필요가 없을 수도 있을 겁니다. 그러나 이런 스토리는 과거의 스토리에 불과합니다.

이제는 그런 시대가 아닙니다. 혼자 다 할 수 없는, 타인과 연결을 통해 나는 물론 타인을 위한 공감과 배려, 소통을 해야만 창의적 아이디어를 도출해 낼 수 있는 시대가 됐습니다. 그래서 4차 산업혁명에 대해 '초(超)연결'이니 '융합'(融合)이니 '통섭'(統攝)이니 하는 단어들을 얘기합니다. 일부에서는 집단 지성(Collective Intelligence, 集團知性)을 언급하기도 합니다. 비록 코로나19로 인해 이런 공유, 연결, 융합, 통섭이 잠시 '언택트'로 막혀 있기는 하지만, 포스트 코로나 이후에 이런 가치들은 더 빛을 발할 겁니다. 이유는 천재가 세상을 이끄는 시대는 끝났기 때문입니다. 이제는 이 천재들 조차 타인과 공감을 해야 하고, 배려를 통해 서로 서로 부족한 부분을 공유해 각자의 아이디어를 합쳐야 한다는 것을 의미합니다. 이른 바 '공유의 시대'가 왔다는 겁니다. 이런 의미에서 '천재의 시대'는 갔고, '크리에이터'의 시대가 왔다고 할 수 있습니다. 그것도 배려심 넘치고, 공감력이 뛰어나며 소통을 원활히 하는 그런 크리에이터 말입니다.

미래학자로 유명하고 우리나라에도 다수의 저서가 나온 바 있는 다니엘 핑크(Daniel Pink)라는 분의 말씀은 이런 면에서 와 닿습니다. 이 분은 앨 고어 전 미 부통령의 수석 대변인을 지내기도 했는데 항상 '창의성'과 함께 '감성', '융복합'을 강조했었습니다. 다니엘 핑크는 공감에 대해 "다른 이의 시선으로 세상을 경험하기 위한 그의 마음을 타고 오르는 아찔한 행동"이라고 말합니다. 공감에 대해 "마음을 타고 오르는 아찔한 행동"이라고 한 이 멋진 표현이 너무 좋습니다. 결국 공감과 배려, 소통은 타인의 깊은 마음을 이해하는 과정일 겁니다. 다만 한가지, 분명한 것은 공감이 위로나 연민과는 분명히 다르다는 겁니다. 같은 눈 높이에서 손을 잡고 같은 방향을 바라보며 상대방의 얘기를 충분히 들어주는 것을 공감과 배려라고 한다면, 연민이나 위로는 한 발자국 떨어져서, 간혹 다른 곳을 주시하기도 하고, 두리번거리기도 하며 타인에게 관심을 주는 척 하는 것입니다. 분명 다른 겁니다.

국내는 물론 세계적으로도 가장 창의적이라는 평가를 받고 있는 기업 '구글' 역시 사원을 채용할 때, 이런 공감과 배려, 소통에 능통한 사람을 뽑습니다. 라즐로 복(Laszlo Bock) 구글 인사담당 수석부사장은 자신의 책 '일하는 원칙'에서 "구글은 영리하기만 한 게 아니라 겸손하고 성실한 지원자를 원한다"고 밝히기도 했습니다. 겸손 그리고 성실은 바로 공감과 배려에서 나온다고 할 수 있습니다. 겸손하고 성실한 사람이 공감과 배려심이 클 수 있지만, 오만방자하고 불성실한 사람은 공감력도, 배려심도 빵점일 가능성이 큽니다.

2014년 라즐로 복은 뉴욕타임스(NYT)와의 인터뷰에서 '지적 겸손'을 강조합니다. IQ라기보다는 필요한 정보를 한데 모으고 새로운 것을 배우는 학습능력을 갖춘 인재, 팀의 구성원으로서 협업을 이끌어 내고 따라가는 능력을 갖춘 인재, 타인의 아이디어를 포용하고 배우려는 자세를 갖춘 인재 그리고 공적인 문제를 자신의 것처럼 생각해 같이 풀어 나가는 인재를 지적 겸손을 갖춘 존재라고 일컫습니다.

이 모든 것을 포용할 수 있는 단어가 바로 '공감'과 '배려'입니다.

당연히 공감과 배려에 대해 어렸을 때부터 인성교육을 잘 받은 아이들의 창의성 DNA는 무한대로 커질 수밖에 없습니다. 커지지 말라고 해도 커집니다. 그런 아이들은 성인이 됐을 때 어떤 이들이 돼 있을까요? 단순히 교과서적 지식만 쌓아 놓은 상태가 아니라 타인을 위해, 동시대를 살고 있는 이들에게 무엇이 필요하고, 무엇이 부족한지, 무엇을 해줘야 하는지 소통을 통해 공감해 나갈 겁니다. 진정한 구루(GURU), 창조적 구루가 돼 있을 겁니다. 국립생태원장을 지내셨던 최재천 이화여대 석좌교수가 얼마 전 〈숲에서 경영을 가꾸다〉라는 책을 내놓으시면서 기자들과 만나 한 말씀이 참 좋습니다. 최 교수님께서는 "요즘 '공감 능력을 길러야 한다'고들 하는데, 공감은 이미 본능적으로 주어져 있습니다. 공감 능력은 기르는 게 아니라 무뎌지는 겁니다"라고 말합니다. 본능적으로 주어진 배려, 공감력이 나이가 들수록 점점 무뎌진다는 것을 말씀하시는 겁니다.

공감해 보십시오. 마음을 열고 직장 동료와 친구와 부모와 연인과 배우자와 공감해 보고 배려해 보십시오. 이 능력은 계속 커집니다. 그리고 무뎌지지 않게 해 줘야 합니다. 이미 여러분의 공감력은 100% 충전돼 있었습니다. 하루 하루 생활하면서, 또 하루 하루 지쳐가면서 무뎌지는 것일 뿐입니다. 공감 근육을 기르고, 배려 힘줄을 길러줘야 합니다. 이 습관, 공감과 배려의 습관을 길러야 합니다. 그럼 결국에는 크리에이티브 클래스에 진입해 있을 겁니다.

타인의 얘기에 '경청'(傾聽)해주는 것도 이 공감과 배려의 능력을 키우는 한 방법일 수 있습니다. 공감과 배려는 창의성의 핵심요소입니다.

멍~ 때리고, 텅~비우고
비움의 창의성 끌어 올리기

지루함은 창의성 과 직결된다.
샤워할 때, 운전할 때, 잡초를 뽑거나
담장을 페인트칠할 때
우리는 기발한 생각을 쉽게 만난다.

오스트레일리아 국립대학 교수 **제너비브 벨**

'창의적 멍~ 때리기'라고 말하면, 뭔가 앞뒤가 맞지 않는 듯합니다. 어떤 행위를 하지 않고, 어떤 고민도 하지 않는데, 대체 어디서 창의적인 부분이 생겨날 수 있느냐는 질문을 할 수 있습니다. 당연한 지적일 수 있습니다. 그러나 한 번 본인 스스로를 되짚어 보십시오. 아침에 일어나 하루 종일 어떤 생활을 하고 있는지. 잠시라도 틈을 내 머리를 비워 본 적이 있는지 한 번쯤 생각해 보십시오. 스마트폰을 사용하고 있는 20~30대 2명 중 1명은 스스로를 '스마트폰 중독'이라고 진단하고 있다는 통계치도 있습니다. 여기에 20~30대 성인 남녀는 하루 평균 4시간 30분 이상 스마트폰에서 눈을 떼지 못한다고 합니다.

예전처럼 전화를 사용하는 양은 큰 폭으로 줄어들었습니다. 하지만 SNS를 하거나 큰 도움도 안 되는 시시콜콜한 뉴스를 검색하고 게임을 하는 시간이 부쩍 늘어났습니다. 4시간 30분이라고 하지만, 이보다 더 많은 시간을 스마트폰에 빠져 살고 있습니다. 그러니 여유도 없고, 틈도 없고, 기다림도 없습니다. 이런 상황에서 잠시 뭔가를 고민할만한 시간도 없게 됩니다. 고민을 하지 못한다는 것은 바로 창의성이 비집고 들어갈 틈이 없다는 것을 의미합니다. 뻔하디 뻔한 것들만 머릿속에 채우다 보니 여유를 갖고 다르게, 낯설게 뭔가를 고민하고 생각할 겨를이 없게 됩니다. 이런 상황이다 보니 우리 뇌(腦)는 스마트폰을 보고, 카카오톡에 답하고, 모바일 게임에 빠져 있는 상황에서 절대 창의성 코드를 작동시키려 하지 않습니다. 오히려 뇌를 피곤하게 만들고 지치게 합니다.

최근 각종 연구에서는 멍 때리기, 그리고 빈둥거림이 창의성을 촉발시킨다는 결과물이 있었습니다. 캐나다 워털루대학 이고르 그로스만 등의 2012년 연구논문은 빈둥거리며 놀 때 창의적 문제 해결력이 증가한다는 결과물을 내놓은 바 있습니다. 또 미국 워싱턴대학의 마커스 레이클 교수는 인지 활동을 하지 않고 아무 생각 없이 멍하게 빈둥거릴 때 '디폴트 모드 네트워크'라는 뇌 영역이 활성화된다는 결과를 발표하기도 했습니다. '디폴트 모드 네트워크'는 자아성찰, 사회성과 감정, 창의성을 지원하는 뇌의 영역을 말하는데, 이 사실은 첨단 뇌 촬영장치(fMRI) 등으로 촬영이 가능했다고 합니다.

인류학자이며 인공지능 전문가인 제너비브 벨 오스트레일리아 국립대학 교수는 "지루함은 창의성과 직결된다. 샤워할 때, 운전할 때, 잡초를 뽑거나 담장을 페인트칠할 때 우리는 기발한 생각을 쉽게 만난다"고 말합니다. 그냥 멍 때리는 것이 무(無)의미하다고 말씀하실 수 있습니다. 그러나 우리는 제대로 멍 때린 적도 없습니다. 얼마나 심했으면 2017년 4월 30일 서울 한강에서 '멍 때리기 대회'까지

열렸겠습니까? 한 번 멍 때려 보십시오. 멍 때림의 가치에 대해 전향적으로 생각을 바꿔보십시오. 왜 우리가 휴가를 떠나고, 여행을 다니고, 산 속에 파묻혀 명상을 하는지. 이 모든 것이 다 멍 때리기라는 창의적 가치에 대한 재발견일 수 있습니다.

뇌 과학자로 유명한 정재승 카이스트 교수는 한 방송에 나와 "우리는 그동안 창의성을 '몰입'으로 설명해 왔다. 하지만 멍 때리는 상황에서 뇌의 창의 부분이 활성화 되는 '유레카 모먼트'가 일어난다"고 말하기도 했습니다. 그런데 이 멍 때리기가 쉬울 것 같습니까? 절대 그렇지 않습니다. 매우 어렵습니다. 오히려 뭔가에 몰입하는 것보다 훨씬 어려울 수 있습니다. 자꾸 잡념들이 치솟아 오를 수밖에 없습니다. 그럴 때는 자신의 주변에 있는 무언가를 유심히 관찰해 보는 것이 방법입니다. 꽃 한 송이, 잡초 한 포기를 아무 생각 없이 보는 겁니다. 5초도 좋고, 10초도 좋습니다. 뭐에 이기고 지는 것이 아니니, 그냥 자세히, 유심히 보며 멍~ 때려 보는 겁니다. 그럼 그 짧은 순간이라도 멍 때릴 수 있게 됩니다. 자꾸 의미를 부여하지 말고, 자꾸 뭘 하려고도 하지 말고, 그냥 멍하니 보기만 하는 겁니다. 또 '불멍'이라는 신조어를 아십니까? 불멍은 장작불을 보며 멍 때리기 하는 것을 의미합니다. 어둠 속에서 모닥불을 피워놓고 이를 바라보며, 생각을 비우는 행위입니다. 그래서 많은 캠핑족들이 장작불을 펴 놓고 불멍을 습관적으로 하나 봅니다. "타닥~타닥~" 장작 타는 소리와 함께 타오르는 불꽃에 집중하다 보면 모든 잡념이 사라지는 마법을 경험할 수 있습니다. 이 짧은 멍 때리기의 과정을 몇 번 거듭하다 보면, 이 멍 때리기가 즐거운 시간이 될 수 있습니다. 한 멍 때리기 대회에 참가했던 참여자의 생생한 증언이 참 재미있습니다. 이 분의 멍 때리기는 페이크, 가짜였다고 스스로 고백합니다.

그냥 멍~때려 보십시오.
마음에 있는 잡(雜)스러움의
'STOP' 버튼을 눌러 보십시오.

"멍 때리기 대회에 참가했었어요. 그런데 이 멍 때리기가 쉬울 줄 알았는데, 너무 어려운 거예요. 그러다 순간 번뜩이는 아이디어가 떠올랐죠. 이 아이디어가 떠올랐다는 것이 멍 때리기를 하지 않고 있다는 것인데, 여하튼 침을 흘리고 침을 닦지 않는다면, 남들이 제가 진짜 멍 때리고 있다고 생각하지 않을까 하는 생각이 떠올랐던 거예요. 그래서 침을 일부러 흘리고, 침을 닦지 않았죠. 사실 저는 그날 멍 때렸다기 보다 멍 때리기 대회에서 상위 랭크 되고 싶은 욕심이 있었던 것 같아요." 이 멍 때리기가 얼마나 어려운 것인가를 보여줍니다.

멍 때려 보십시오. 멍~하니 5초가 됐건 10초가 됐건 머리를 완전히 비워보십시오. 어떤 변화가 일어나는지 한 번 경험해 보십시오. 멍 때린다고 누가 뭐라 그러지 않습니다. 멍 때리기가 반복되면 머릿속에 새로움, 즉 뭔가를 새롭게 보고, 다르게 보며 낯설게 느껴지는 창의성 코드가 물안개 피듯이 올라올 겁니다. 이런 반복된 습관을 통해 결국에는 크리에이티브 클래스로 진입할 수 있게 됩니다. 멍 때리기의 노하우를 보여주는 한 외국인 학자의 논리를 소개해 볼까 합니다. 꼭 이게 정답일 수 없지만, 조금은 스마트한 방법일 듯합니다.

미국에서 출간된 〈지루함과 기발함〉(Bored and Brilliant)의 저자 마누시 조모로디의 조언입니다. 이 분은 생활 속 지루함을 불러들여 창의성을 키우는 방법을 제안합니다. 일단 마누시 조모로디는 첫 번째 단계로 먼저 자신의 디지털 습관을 관찰하라고 조언합니다. 두 번째 단계로는 보행할 때나 운전할 때 미디어를 사용하지 말라고 합니다.

세 번째 단계는 사진을 찍지 않고 하루를 보내 보라고 조언합니다. 네 번째 단계, 스마트폰에서 필수불가결하다고 여기는 앱을 삭제해 보는 겁니다. 우리나라라면, 카카오톡 아닐까요? 다섯 번째 단계는 소셜미디어나 이메일에 응답하지 않고, 마지막 단계는 주변에서 무엇 하나를 선택해 깊게 관찰해보는 것입니다. 꼭 이 분의 조언을 따를 필요는 없습니다. 그냥 멍~때려 보십시오. 마음에 있는 잡(雜)스러움의 'STOP' 버튼을 눌러 보십시오. 그게 제일 현명한 그리고 창조적인 나만의 멍 때리기 방법일 수 있습니다. 멍 때리다 보면 새로운 무언가가 잡힐 겁니다. 그것이 바로 창의성일 겁니다. 먼지처럼 창의성이 두뇌 주름에 쌓일 겁니다.

모든 것과 이별할 수 밖에 없는
'이별'하며 창의성 높이기

반년 전까지만 해도 건강한 생활을
즐겨온 내가 예기치 못한 암 진단을 받았다.
남은 수명은 오직 신만이 알겠지만
아직 건강할 때 여러분에게 감사의 기분을
전하고 싶을 뿐.

사전 장례식을 연 안자키 사토루(安崎曉)

결국 모든 것과 이별할 수밖에 없습니다. 사랑하는 사람과도 사랑하는 반려 동물과도, 사랑하는 부모님과도, 사랑하는 자식과도, 사랑하는 그 모든 것과도 '이별'할 수밖에 없습니다. 이별할 수밖에 없으니, 또 이별을 피할 수 없으니 이 이별을 나만의 방식으로 창의적으로 해야 합니다. 이별을 잘 하면 이 과정을 통해 나만의 창의성이 높아집니다. 살아감에 있어 이별은 일상의 과정입니다. 아니 필수적입니다. 가장 흔한 게 사랑하는 연인과의 이별이지만, 내 주머니에 있던 소유물과도 이별의 과정을 거칠 수 있습니다.

게다가 가장 어려운 이별. 그것은 아마도 '나'와의 이별일 겁니다. 살아 있으면서 나와 이별하는 것은 나의 습관, 성격 등을 바꾸는 것이지만, 마지막에 내 육체와의 이별은 바로 죽음일 겁니다. 얼마 전 일본 언론에 대서특필된 장례식을 소개해 볼까 합니다. 나와의 창의적 이별 방법이라고 생각합니다. 일본 건설기계 분야 대기업인 고마쓰의 안자키 사토루(安崎曉) 전 사장의 '생전 장례식'은 최근 본 사례 중 가장 창의적 이별법입니다. 일반적으로 장례식이라는 것은 죽은 뒤 살아 있는 사람들이 죽은, 더 이상 움직이지 않는 육신에게 마지막 예(禮)를 갖추는 형식입니다. 그러나 안자키 전 사장은 창의적 장례식으로 세상을 깜짝 놀라게 했습니다. 나만의 이별법, 나만의 창의적 이별법을 선택한 겁니다. 일단 안자키 전 사장은 수술도 불가하다는 얘기와 함께 암(癌) 선고를 받았습니다. 이 분은 언론에 이렇게 말합니다. "연명 효과가 조금 있겠지만 부작용 가능성도 있는 방사선이나 항암제 치료는 받고 싶지 않다"며 "아직 건강할 때 여러분들에게 감사의 마음을 전하고 싶다" 그러면서 니혼게이자이신문 사회면에 작은 광고를 냈습니다. 자신의 생전, 사전 장례식에 와 달라고 말입니다. 도쿄 시내 한 호텔에서 '감사의 모임'이라는 이름의 생전 장례식이 열렸답니다. 장례식이 열리기 한 시간 전부터 전 직장 회사 관계자, 학교 동창생 약 1000명이 모였답니다. 안자키 전 사장은 이날 장례식 참석자들에게 "반년 전까지만 해도 건강한 생활을 즐겨온 내가 예기치 못한 암 진단을 받았다. 남은 수명은 오직 신만이 알겠지만 아직 건강할 때 여러분에게 감사의 기분을 전하고 싶을 뿐"이라고 적어 놨습니다. 그러면서 이런 말씀도 했답니다.

"'슈카쓰(終活·죽음을 준비하는 활동)' 방식은 사람마다 다르다고 생각한다. 나는 (삶을) 마감하듯 하는 게 싫어서 다같이 즐거울 수 있는 모임을 열었다. 많은 사람이 와줘서 솔직히 조금 피곤하기도 했지만 직접 감사의 마음을 전할 수 있어서 만족한다. 죽는 것은 힘든 일이지만 인생을 충분히 즐겨왔고 수명에도 한계가 있다. 마지막까지 몸

부림치는 것은 내 취향과는 맞지 않다고 생각한다"고. 참 멋진 이별입니다. 그것도 제일 어려울 수 있는 나와의 이별을 아주 창의적으로 했다고 할 수 있습니다. 관계를 쌓으면서 사랑을 하게 되면 대부분은 '집착'을 할 수 밖에 없습니다. 내 삶에 대한 집착도 그렇고, 내가 사랑하는 것에 대한 집착도 그렇습니다.

또 다른 창의적 이별을 한 분이 있습니다. 바로 1928년 생으로 2020년 7월 삶을 마감한 엔니오 모리꼬네 (Ennio Morricone)라는 작곡가 겸 음악감독입니다. 이 분은 낙상으로 대퇴부 골절이 있었고, 결국 자신의 삶의 등불이 서서히 꺼져감을 느꼈다고 합니다. 그래서 이 분은 자신의 부고(訃告)를 직접 썼습니다. 살아 남은, 이별을 해야 하는 사람들에게 남기는 글을 썼습니다. 진한 감동이 있어, 엔니오 모리꼬네의 글을 소개해 봅니다. "나 엔니오 모리코네는 사망했다. 나의 부고를 늘 가깝게 지냈던 모든 친구들과 한동안 만나지 못했던 모든 이들에게 전한다. 깊은 애정을 담아 인사한다. 그들의 이름을 하나하나 다 언급할 수는 없다. 하지만 평생 죽마고우였고 내 인생의 마지막 순간에 곁을 지켜준 Peppuccio와 Roberta의 이름은 꼭 언급하고 싶다. 내가 이런 식으로 작별인사를 하는 것은 내 장례식을 가족장으로 치르기로 했기 때문이다. 다른 사람들을 번거롭게 하고 싶지 않다. 나와 나의 가족과 더불어 내 인생의 많은 부분을 함께 해준 Ines, Laura, Sara, Enzo, Norbert에게 따뜻한 인사를 전한다. 내 여동생 Adriana, Maria, Franca, 그리고 그들의 사랑하는 가족을 사랑하는 마음으로 기억하고

살아 있으면서 나와 이별하는 것은
나의 습관, 성격 등을 바꾸는 것이지만,
마지막에 내 육체와의 이별은
바로 죽음일 겁니다.

싶다. 내가 얼마나 자기들을 사랑했는지도 알아주기를 바란다. 나의 아이들 Marco, Alessandra, Andrea, Giovanni, 나의 며느리 Monica, 그리고 내 손주들 Francesca, Valentina, Francesco, Luca에게 무엇보다 뜨겁고 절절한 작별인사를 전한다. 그들도 내가 얼마나 자기들을 사랑했는지 알아주기를 소망한다. 마지막으로 그러나 누구보다 소중한 아내 Maria에게. 지금까지 우리 부부를 하나로 묶어주었으나 이제는 포기해야만 하는 특별한 사랑을 다시 전합니다. 당신에 대한 작별인사가 가장 마음이 아픕니다." 나만의 방식, 창의적 이별을 통해 타인을 배려하고 그들과의 가장 아름다운 이별을 했다고 할 수 있을 듯합니다.

이별은 흔히 사랑이라는 과정이 가고 난 뒤 오는 과정입니다. 사랑을 하면 언젠가는 이별의 과정을 거쳐야 합니다. 그러나 사랑을 소유로 오해해 착각을 하시는 분들이 많습니다. 그렇다 보니 소위 '데이트 폭력' 등이 발생하기도 합니다. 사랑이 소유와 다르기 때문에 사랑하다 이별할 수도 있습니다. 이건 당연한 겁니다. 그러니 사랑했었던 연인과의 이별도 나름대로의 방식으로 창의적으로 하는 겁니다. 인터넷에 '창의적 이별법'이라는 검색어를 넣으면 농담 비슷하게 카카오톡으로 'I was a Car'라고 말하며 "차였다"는 문자를 보내기도 합니다. 이건 전혀 창의적이지 않습니다. 가급적 직접 만나 이별을 얘기하는 게 현명합니다. 사랑하는 연인과 이별하는, 헤어지는 마당에 무슨 근사하고, 창의적인 방법을 찾느냐고 반문하실 수도 있습니다.

사랑하는 이와의 이별도 삶의 한 구성요소이기에 이걸 제대로, 그것도 창의적으로 해보면 다른 이별들도 창의적으로 헤쳐 나갈 수 있습니다. 무엇보다 창의적 이별을 하다 보면 익숙한 것들, 편한 것들, 항상 해오던 것들과 멀어질 수 있습니다. 이런 것들과의 이별은 나의 창의적 습관을 길러줄 수 있는 좋은 방법입니다.

　일본에서는 2004년 등장한 단어이지만 우리에게는 최근 소개된 졸혼(卒婚)도 창의적 이별법이라고 할 수 있습니다. 2004년 일본 작가 스기야마 유미코(杉山由美子)의 '졸혼을 권함'(卒婚のススメ)에서 등장한 '졸혼'은 한마디로 잠시 결혼 생활을 중지하자는 창의적 이별하기입니다. 꼭 결혼이라는 틀 안에서 얽매여 있지 말고 잠시 졸혼을 통해 스스로를 찾아 보는 방법입니다. 이혼이 늘어나는 요즘 시대에 창의적 이별법이라고 할 수 있습니다. 여기에 졸혼 말고도 말장난일 수도 있지만, 결혼을 재설정하는 'Re혼'이라는 방식을 채택해도 좋습니다. 정답은 없습니다. 각자 나름의 방식으로 이별하는 방법을 찾아 보면 됩니다.

　창의성 왕국인 일본에서 이런 창의적 방법들이 많이 나오나 봅니다. 단샤리(斷捨離) 역시 창의적 이별법이라 할 수 있습니다. 사람들은 대부분 물건에도 집착을 합니다. 그래서 쓸모 없고, 1년 내내 쓸 일 없는 물건들을 집안 곳곳에 켜켜이 쌓아 놓습니다. 최근 뜨고 있는 단샤리, 즉 넘쳐나는 물건을 끊는 단(斷)과 불필요한 물건을 버리는 샤(捨)와 끊고 버리는 것을 반복하면서 물건의 집착에서 벗어나는 리(離). 역시 창의적 이별법입니다. 모든 것과 이별할 수밖에 없습니다.

영원한 것은 단 하나도 없습니다. 창의적으로 이별해 보십시오. 창의적 이별 습관은 차츰차츰 창의적 습관을 길러줄 겁니다. 당연히 크리에이티브 수치가 높아질 겁니다.

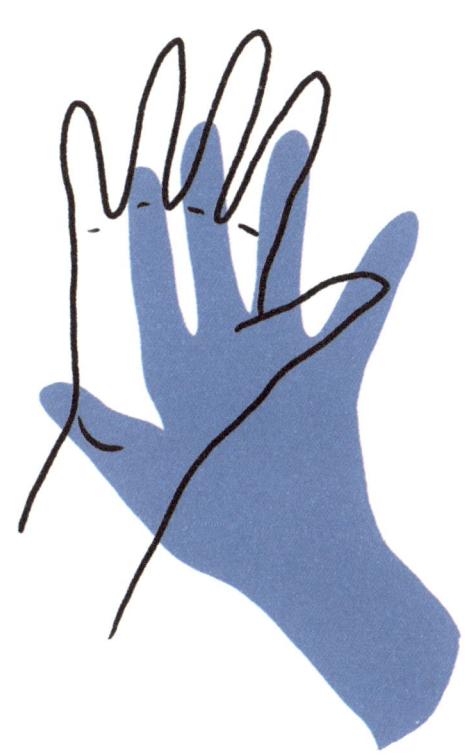

실패하고, 실패하고, 또 실패하고
실패에서 배우는 창의성 기르기

> 학생들이 실수하거나 실패했을 때 '틀렸다'고
> 하는 교육으론 창의력을 기를 수 없다.
> 링링대 창의성 교육의 핵심은
> 위험 요인을 감수하고 과정에서 생기는
> 모든 를 받아들이는 능력이다.
>
> 링링대 총장 **래리 톰슨**

성공해야 합니다. 잘 헤쳐 나가야 합니다. 그리고 무엇인가 멋지게 보여줘야 하겠죠? 그 마음은 알고 있습니다만, 그게 내 마음처럼 쉽게 된답니까? 그럼 다 성공했을 겁니다. 다 돈을 많이 벌어 부자가 됐겠죠. 그게 어려우니까 이리 살고 있는 거 아닙니까? 그렇다고 포기할 겁니까? 그럴 수야 없습니다. 또 해보고 또 해보는 겁니다. 그래서 실패를 해봐야 합니다. 그리고 그 실패를 통해 뭔가를 배워야 합니다. 그 배운 것을 통해 나의 '창의성 코드'를 극대화시켜야 합니다.

실패가 실패에서 끝나면 그것은 가짜 실패입니다. 진정한 실패가 아닙니다. 실패에서 새로운 것을 배워야 합니다. 그래야 실패가 진정한 가치를 발휘하게 됩니다. 그게 바로 '진정한 실패'입니다. 영국의 세계적 작가 조앤 K. 롤링을 예로 들어보겠습니다. 그녀는 '해리포터 시리즈' 소설로 대박을 친 작가입니다. 그러나 그녀는 한 때 완전 실패한 인생의 구렁텅이에 빠졌었습니다. 그녀는 소위 '실패'한 인생이었습니다. 짧은 결혼 생활은 비참하기 그지 없었습니다. 실업자로 전락을 했고, 아이들을 혼자 키워야 하는 싱글맘이 될 수밖에 없었습니다.

당연히 가난할 수밖에 없었습니다. 그녀는 스스로 "내가 아는 한 가장 실패한 인생이었죠"라고 말합니다. 다만 그 실패를 통해 그녀는 많은 것을 딛고 일어섰습니다. 그녀의 작가적 창의성과 상상력, 그리고 그 상상력을 표현할 수 있는 낡은 타자기. 이게 그녀에게는 전부였지만, 실패라는 거름을 딛고 일어선 것입니다. 실패가 바로 조앤 K. 롤링의 현재를 만들어 준 셈입니다.

덤벼 보십시오. 무엇이든 해 보십시오. 그리고 실패도 해보고 무너져 보기도 해보십시오. 무참히 깨져도 상관없습니다. 죽거나 다시 일어서지 못하는 것이 아니라면 뭐든지 덤비고 부딪혀 싸워보고 그리고 실패해 보십시오. 실패를 통해 그 어떤 것이라도 얻을 수 있습니다. 그 얻는 과정은 경험의 과정이고, 실패의 경험은 각자가 성공을 위해 준비했던 과정에서 아지랑이처럼 창의성이 돋아날 겁니다.

미국 플로리다주 새러소타에 있는 85년 역사의 아트 디자인 명문대인 '링링대'(Ringling College). 얼마 전 한국에 온 래리 톰슨 링링대 총장님은 한 언론과의 인터뷰에서 "학생들이 실수하거나 실패했을 때 '틀렸다'고 하는 교육으론 창의력을 기를 수 없다"며 "링링대 창의성 교육의 핵심은 위험 요인을 감수하고 과정에서 생기는 모든 실패를 받아들이는 능력"이라고 말합니다. 역시 창의성 넘치는 대학의 총장님답게 창의성에 대한 정의도 멋들어지게 해 주십니다. "창의성(creativity)은 만질 수 있어야(tangible) 합니다. 누구나 머릿속에 그려볼 수는 있죠. 그건 막연한 상상력이에요. 완전히 새로운 것이든 기존의 무엇인가를 바꾸는 것이든, 수많은 실패와 시행착오를 거쳐 실제 결과물로 나와야 진짜 창의성이라 할 수 있습니다."

실패를 해본 적이 없다고 말할 수 있는 사람은 없습니다. "A person who never made a mistake never tried anything new." 실패한 적이 없는 사람은 새로운 것을 한 번도 시도해 보지 않은 것이라고 말하는 아인슈타인. 그 만큼 실패는 중요합니다. 단번에 성공하고, 단 한 번에 개발해 내면 이 세상이 너무 시시하지 않습니까? 이럴 수 없을 겁니다. 어쩔 수 없이 깨지고 넘어지면서 실패를 하게 됩니다. 그러니 실패를 하면서 경험한 것을 차곡차곡 쌓아 나만의 창의성 노트, 나만의 창조성 DNA를 기록해 둬야 합니다.

얼마 전 우리나라에 온 샤넬(CHANEL) 패션부문 최고경영자

(CEO)인 브루노 파블로브스키(Bruno Pavlovsky) 씨는 한 언론과의 인터뷰에서 이런 말을 합니다. "창의성을 바탕으로 하는 사업은 제로에서 시작하기에 예측할 수 없는 실수를 하게 됩니다. 중요한 건 그것을 인정하고 다시 도약하는 겁니다. 창의성은 그런 실패를 이겨 내고 가야 하는 거죠." 전 세계적으로 창조적이라고 말할 수 있는 기업들에서는 이 실패를 오히려 독려하는 경향이 있습니다.

산업 디자인 기업인 아이데오(IDEO)에서는 직원들의 실패할 수 있는 권리가 바로 '창의적 성과'의 원동력이라 합니다. '포스트잇'으로 유명한 3M의 경우는 맥나이트 원칙(McKnight Principles)을 전면에 내세워 직원들의 실수, 실패를 용인하고 있습니다. 사실 포스트잇도 접착제를 만드는 과정에서 나온 실패의 부산물이었습니다. 이 실패물을 그냥 버리지 않고 6년 후에 역(逆) 발상의 접착제, 즉 잘 떨어지는 접착제로 포스트잇을 세상에 내놓은 겁니다. 다만 한 가지 말씀 드리고 싶은 게 있습니다. 실패를 하되, 무턱대고 실패를 하지 말고, 실패를 했다면 이걸 잘 정리해 내 것으로 만들어 놔야 한다는 겁니다.

흔히 실패를 하면 과도한 손가락질을 하거나 비난을 하기 일쑤입니다. 이게 아니라 일본 자동차 회사 혼다처럼 '실패왕' 제도를 도입하거나, 3M처럼 '실패 파티', BMW처럼 '이달의 창의적 실패상' 등을 만들어 실패를 독려할 필요가 있습니다. 개개인에게 있어서도 실패를 할 수밖에 없었던 이유에 대해 스스로 분석을 하고, 그 원인을 차곡차곡 쌓아 놓을 필요가 있습니다. 결국은 이 실패의 시작과 끝이 나 개인의 창의성을 높여줄 수 있습니다. 분명한 것은, 실패가 아주 많은 창의적 DNA를 포함하고 있으며 실패를 통해 뽑아낸 이 창의적 코드는 결국 나 자신의 크리에이티브 클래스의 씨앗이 될 수 있습니다. 더 많이 실패하십시오. 당신은 곧 창의적 인물이 될 겁니다.

우주가 인간에게 준
두 가지 능력 중 하나 '사랑하기'
사랑하며 창의성 쌓기

> 인간의 창조성은 을 그 본질로 한다.
> 사랑은 사람으로 하여금 모든 분야에
> 관심과 의욕을 갖게 하여
> 가치를 창조하게 하는 원동력이다.

군장대 청소년 교육지도과 교수 **이용길**

"사랑하십시오."

사랑하는 것은 가장 창의적 습관을 기를 수 있는 방법 중 하나입니다. 그렇다고 창의적 습관을 위해 사랑을 이용하지는 마십시오. 사랑을 하다 보면, 그 사랑으로 인해 자연스럽게 생기는 능력이 바로 '창의성'입니다. 그렇다고 창의성을 위해 사랑을 하면서 사랑을 도구화하지는 마십시오.

그렇다면 왜 사랑을 해야 할까요? 왜 사랑을 하면, 창의성을 기를 수 있을까요? 사랑의 정의를 내리는 것은 참으로 어렵습니다. 너무 오래 전부터 많은 유명한 분들이, 철학자들이, 심리학자들이 '사랑'에 대해서 논했습니다. 그러니 저 같은 사람이 다시 "사랑은 00이다"라고 말하는 것이 참 쑥스럽습니다. 그러나 감히 제가 정의를 내린다면, "사랑은 창의적이다"라고 말씀 드리고 싶습니다. 사랑은 결국 상대방의 마음(心)을 얻는 과정입니다. 어떻게 해야 상대방이 나를 좋아할지 다양한 방법으로 고민하게 되고, 그 과정을 상대방에게 전달하게 됩니다. 일반적으로 남성이 여성에게 꽃을 사주면 호감을 얻을 수 있습니다. 그렇다고 무턱대고 꽃을 사준다고 사랑을, 호감을 얻을 수는 없습니다. 좀 더 로맨틱하게 꽃 선물을 해야 할지 고민하는 과정에서 창의성이 발휘됩니다. 단순히 돈으로 사랑을 한다면, 한 송이당 1000원짜리 장미꽃 1000송이를 100만원 주고 사서 대형 꽃바구니에 넣어 선물을 하면 좋아하는 분들도 있을 겁니다. 그러나 그런 단순한(?) 방법보다 어떻게 하면 내 마음을 사랑하는 사람에게 제대로 전달할 수 있을지, 뭔가 다르고 특별하게 꽃 선물을 하면 좋을지 고민하다 보면, 사랑이 더 커지고, 더 애틋해지고 결국 사랑을 얻을 수 있습니다. 이 과정에서 인간은 자연스럽게 사랑의 창의적 방식에 대해 고민하게 됩니다.

연인에게 어떤 얘기를 할 것인지, 사랑하는 사람에게 어떤 정성을 쏟을 것인지, 끌리는 이성에게 어떤 마음을, 어떻게 전달할 것인지, 마음을 얻고 싶은 상대방에게 어떤 글을 보낼 것인지 고민을 하는 과정이 이런 의미에서 창조적이라고 할 수 있습니다. 그래서 당연히 창의성을 키우기 위해서는 사랑을 해야 합니다. 이것은 단지 남, 여의 사랑 스토리에 국한된 것은 아닙니다. 부부간에도, 부모와 자식간에도, 동성의 친구간에도, 회사 동료에게도, 직장 상사에게도 모두 포함됩니다. 사랑의 광범위한 의미를 보면, 이 모든 관계에 있어 사랑은 결국 타인의 마음을 얻는 과정입니다. 이 과정에 있어서 나만의, 아니 좀 더 색다르고, 특이한 방법으로 상대방의 마음을 얻으려 한다면, 그 사랑의 과정은 아주 훌륭한 결실을 맺을 수 있습니다. 그러니 결국 창의성이 발휘된 사랑하기는 아주 스마트한 접근법이라 할 수 있습니다.

삶을 긍정하고 사랑할 때
비로소 인간 본래의
창조성을 발휘할 수 있다.

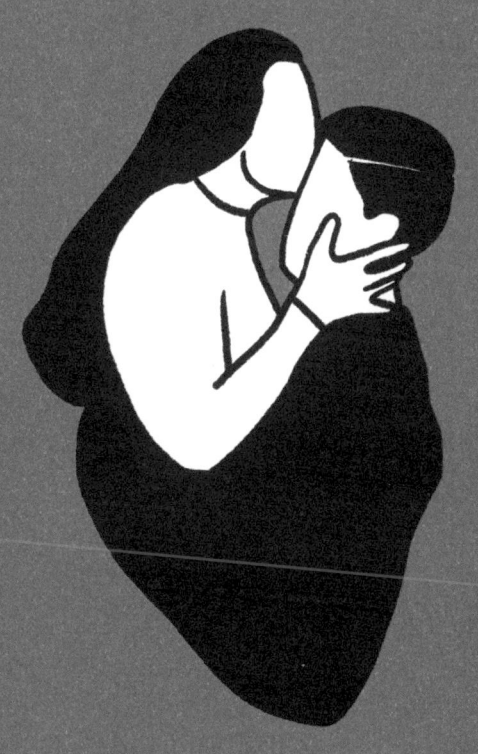

아이들에게 부모로서 사랑을 할 때도, 선생님으로서 학생들을 사랑할 때도 마찬가지입니다. 부모나 선생님이 아이들을 위한 사랑이 아닌 본인이 하고 싶은 사랑을 한다면, 아이들도 학생들도 크게 달라지지 않습니다. 그러나 창의적으로 사랑하면 아이들이 크게 달라집니다. 즉 아이들이 더 창의적으로 바뀝니다. 단순히 학원에 보내주고, 놀이공원에 가 시간을 보내며 아이들을 사랑하는 게 아니라 아이들의

마음을 이해해 아이들이 진짜 하고 싶은 것을 창조적으로 고민해 같이 즐거운 시간을 보내준다면, 아이들과의 교감 그리고 아이들과의 연대, 사랑이 더 커질 것입니다. 그리고 이렇게 풍부한 사랑을 받은 아이들은 나중에 다른 아이들보다 훨씬 더 창조적 습관을 가질 수 있을 겁니다. 아이를 사랑할 때 부모들이 조금 더 창의적으로, 즉 본인의 아이를 조금 덜 귀하게, 조금 덜 사랑하라는 다소 이질적인 궤변을 해 봅니다. 남의 아이보다 내 아이가 더 소중하고 내 아이가 더 사랑스럽다고 생각하는 그런 이기심이나 편견에서 벗어나는 과정과 연습도 분명 창의적 사랑하기의 방법일 수 있습니다.

이용길 군장대학교 청소년 교육지도과 교수는 한 언론 인터뷰에서 "인간의 창조성은 사랑을 그 본질로 한다"며 "사랑은 사람으로 하여금 모든 분야에 관심과 의욕을 갖게 하여 가치를 창조하게 하는 원동력이다"고 강조합니다. 결국 '사랑하기'가 마음 속에 꿈틀대는 창조성을 일깨운다는 뜻입니다. 이렇게 창의적 사랑하기 습관을 통해 결국에는 크리에이티브 클래스로 갈 수 있는 터전을 마련할 수 있습니다.

영화 〈해리가 샐리를 만났을 때〉를 보신 적이 있습니까? 이 영화의 한 대사가 참 재미있습니다. "나는 바깥 온도가 22도가 되는 날씨에도 춥다고 징징대는 너를 사랑해. 샌드위치 하나 주문하는데도 한 시간씩이나 걸리는 너를 사랑해. 나를 얼간이처럼 바라볼 때 콧등에 작은 주름이 생기는 너를 사랑해. 하루 종일 너와 지내고 나서도 내 옷에 남은 네 향기를 맡을 수 있어서 너를 사랑해.(후략)"

영어 대사는 이렇게 돼 있습니다.

"I love that you get cold when it's 71 degrees out. I love that it takes you an hour and a half to order a sandwich. I love that you get a little crinkle above your nose when you're looking at me like I'm nuts. I love that after I spend the day with you, I can still smell your perfume on my clothes. And I love that you are the last person I want to talk to before I go to sleep at night. And it's not because I'm lonely, and it's not because it's New Year's Eve. I came here tonight because when you realize you want to spend the rest of your life with somebody, you want the rest of your life to start as soon as possible."

사랑은 그런 겁니다. 해리가 샐리에게 이렇게 멋진 대사를 했기 때문에 둘은 사랑을 할 수 있었던 겁니다. 해리의 창조성이 발휘되는 부분이라고 할 수 있습니다. 아직까지도 이 영화의 명(名) 대사로 이 부분이 꼽히는 이유입니다.

제 2의 전성기를 맞은 김연자 씨라는 가수를 아십니까? 이 분의 노래 '아모르 파티'가 젊은 층에 대단한 인기를 끌고 있습니다. 흥겹기도 하지만, 이 노래의 가사, 즉 이 노래의 시(詩)가 매우 와닿습니다. 꼭 한 번 들어보십시오. 어깨춤이 절로 나옵니다. '아모르 파티(Amor Fati)'는 프리드리히 니체의 '즐거운 학문'에 나오는 말입니다. 운명을 사랑하라는 '운명애(運命愛)'로 번역되는 이 말은 "삶을 긍정하고 사랑할 때 비로소 인간 본래의 창조성을 발휘할 수 있다"는 뜻입니다. 결국 사랑할 때 창조성이 발휘된다는 의미입니다. 당연한 말일 수 있습니다.

비관적이고, 자포자기한 사람에게서 무슨 창조성이 발휘될 수 있겠습니까? 가슴도 뛰어보고, 할 수 있고, 해보고 싶고, 하겠다는 의지가 있어야 창조성도 발휘되는 겁니다. 사랑하기의 창조성이 중요한 이유입니다.

주변의 많은 관계에 있어서의 마음을 얻는 사랑하기는 이런 의미에서 창조적 습관이 될 수 있습니다. 부단히 이런 창조적 습관을 기른다면, 결국 크리에이티브 클래스로 갈 수 있습니다. '우주가 인간에게 준 두 가지 선물'. 메리 올리버가 쓴 〈휘파람 부는 사나이〉라는 책에 나옵니다. 두 가지 선물은 바로 '질문하는 능력', 그리고 '사랑하는 능력'입니다.

心樂習常

놀면서 나도 모르는 사이에
樂의 창의성 습관 기르기

뛰고 넘어지고 달리고
운동하면서도 창의성 강화하기

> 타깃을 바라보면서 을 해요.
> 내 클럽을 떠난 공이 어떤 궤도로,
> 어떤 모양의 포물선을 그리면서 날아가
> 목표 지점에 얼마만큼 가까이 붙겠구나.
> 또는 내 퍼터를 떠난 볼이 내가 마음 속에
> 그려놓은 라인 대로 예쁘게 굴러가 홀 컵에
> '톡' 하고 떨어지겠구나. 그렇게 상상하는
> 루틴을 하면 정말 그렇게 되는 것 같아요.
> 내 샷을 더 믿게 되고요.
>
> 프로 골퍼 전인지

운동하면서도 '창의성'을 기를 수 있다고 한다면 어떤 생각이 드십니까? 말도 안 된다고 하시는 분들도 있을 것으로 생각됩니다. 그러나 감히 지금은 은퇴했지만, 우리나라 최고의 축구 스타인 박지성 선수나, 미국 메이저리그에서 뛰고 있는 류현진 선수를 얘기하면서 이 선수들이 창의적, 창조적 플레이어라고 하면 부정하시겠습니까?

왜 이 선수들이 창의적이라고 할 수 있을까요?

박지성 선수 예를 들어 보겠습니다. 박지성 선수는 당연히 축구라는 스포츠를 위한, 최상의 신체적 조건을 갖고 있다고 해도 무리가 없습니다. 이 때문이겠지만, '2개의 심장', '산소탱크'라는 별명도 붙어 있습니다. 이런 신체적 조건을 갖추기 위해 당연히 박지성 선수는 어렸을 때부터 부단히 연습을 통해 폐활량을 높였고, 허벅지, 정강이 근육을 키웠을 겁니다. 이와 함께 박지성 선수는 어렸을 때부터 축구 관련된 전략과 전술을 스스로의 오답노트에 적어 놨습니다. 이 오답노트를 통해 박지성 선수는 국내는 물론 전 세계 축구팬들의 마음을 사로잡을 수 있는 플레이를 할 수 있었습니다.

이 오답노트에 박지성 선수의 창의적, 창조적 코드가 숨어 있습니다. 스스로 이런 오답노트를 쓰면서 매일매일 나만의 플레이에 대한 고민을 했고, 이 고민의 과정은 가장 창의적, 창조적 플레이어가 될 수 있는 밑바탕이 된 겁니다. 어렸을 때부터 축구를 하면서 자신이 스스로 터득한 것을 정리했고, 어떻게 하면 더 잘 할 수 있을지 스스로 답을 구했던 겁니다. 너무나 창조적, 창의적이라고 할 수 있습니다. 이런 연습, 오답노트 혹은 일기장을 쓰는 과정을 통해 박지성 선수가 얻을 수 있었던 것은 바로 '창조적, 창의적 코드'였습니다. 축구라는 스포츠 종목에서 육체적 능력은 말할 필요 없이 제일 중요합니다. 그러나 육체 능력 외에 축구 선수가 갖춰야 할 제1의 능력은 바로 '공간 감각'입니다. 박지성 선수는 창의적 마인드로 어렸을 때부터 일기장을 쓰면서 이 공간 감각을 최대한 끌어 올렸습니다.

머릿속에 내가 어느 정도 속도로 어느 정도의 위치까지 움직이면, 같은 편 동료 선수가 어느 정도의 위치에 있을 것이고, 이 상황에서 같은 편 동료 선수가 박지성 선수에게 어느 정도의 속도로 공을 패스해 주면, 박지성 선수는 이 공을 건네 받을 수 있게 되고, 그때 어느 정도의 위치에 있을 동료에게 어떤 방법으로 패스를 해줘 우리 팀에게 득점할 수 있는 기회를 극대화할 것인지… 박지성 선수는 창조적, 창의적 인물이 갖고 있는 이런 통섭적 사고를 했던 것입니다. 바로 창조적, 창의적 이미지 트레이닝을 통해 끌어 올린 공간 감각을 바탕으로 축구에 있어서 '큰 그림'을 그린 것입니다. 이런 창조적, 창의적 습관 기르기는 결국 2002년 월드컵 4강의 주역인 박지성 선수를 만들었고, 유럽 빅 리그에서 유명한 대 스타가 될 수 있었던 것입니다.

미국 메이저리그 토론토 블루제이스에서 뛰고 있는 류현진 선수도 비슷합니다. 류현진 선수의 신체 조건은 선천적이기도 합니다. 키 190cm에 몸무게 113kg이라는 신체 조건은 그가 메이저리그 일류 스타가 될 수 있는 필요조건 쯤은 될 겁니다. 류현진 선수의 공은 강속구가 아닙니다. 구속은 평균이거나 그 이하라 합니다. 핵심은 류현진 선수의 볼 배합에 대한 창조적 코드입니다. 류 선수의 '창의적 볼 배합'에 컴퓨터 같은 제구력이 뒷받침돼 현재와 같은 선수가 됐습니다. 창의적 볼 배합으로 타자들을 마음대로 요리할 수 있는 비결은 바로 류 선수의 훌륭한 창조적 두뇌 회전 때문일 겁니다. 자신이 그 동안 올랐던 수많은 마운드 경험을 바탕으로 타자들과 맞닥뜨렸을 때 이 창조적 DNA가 발현되게 됩니다.

류 선수가 어떤 구질의 공을 어느 정도의 속도로, 왼쪽에서 오른쪽으로 혹은 오른쪽에서 왼쪽으로 타자에게 뿌릴 때 이 타자를 아웃시킬 수 있는 가능성이 가장 높을지 생각하게 됩니다. 순간순간 발현되는 류현진 선수의 창조적 두뇌 회전입니다. 이런 빠른 판단과 결정이 타자를 아웃시킬 가능성을 높였을 겁니다. 분명한 것은 류 선수의 창의성 코드는 과거 초등학교 시절부터의 창조적 습관을 통해 창조성 수치를 계속 높여왔고, 그 창조성, 창의성 코드가 미국 메이저리그에서도 통하고 있다는 점입니다.

우리나라 프로골퍼 중 2017년 11월 현재 상위 5위권에 모두 3명의 한국 여성 골퍼들이 들어가 있습니다. 당당히 류소연 선수가 1위, 박성현 선수가 2위, 그리고 전인지 선수가 5위입니다. 다만 말씀드리려는 전인지 선수는 2020년 현재 아쉽게도 72위에 올라와 있습니다. 성적과 상관 없이 전인지 선수는 창의적 게임을 펼치는 선수로 유명합니다. 전인지 선수가 한 언론 인터뷰를 통해 한 말은 얼마나 골프가, 아니 골프를 떠나 스포츠라는 게 얼마나 창의적인 것인 지 알 수 있습니다. 전인지 선수는 "타깃을 바라보면서 상상을 해요. 내 클럽을 떠난 공이 어떤 궤도로, 어떤 모양의 포물선을 그리면서 날아가 목표 지점에 얼마만큼 가까이 붙겠구나. 또는 내 퍼터를 떠난 볼이 내가 마음속에 그려놓은 라인대로 예쁘게 굴러가 홀 컵에 '톡' 하고 떨어지겠구나. 그렇게 상상하는 루틴을 하면 정말 그렇게 되는 것 같아요. 내 샷을 더 믿게 되고요."라고 말했습니다.

그냥 치는 게 아닙니다. 어떻게 날아가 어떻게 떨어져 어떻게 그린에서 굴러갈지 충분히 '상상하고' 있다는 것을 말합니다. 그만큼 전인지 선수의 창의적 코드는 다른 선수들의 상상력을 뛰어넘는다고 할 수 있습니다. 또 6년째 전인지의 스윙과 멘탈 훈련을 지도해 온 박원 골프아카데미 원장은 전인지 선수의 훈련에 대해 "상상력과 관련된 훈련을 많이 해왔다"고 말하기도 합니다. 축구, 야구, 골프 등의 스포츠에만 국한된 얘기가 아닙니다. 성공한 스포츠 스타들의 여러가지 면을 보면, 모두 창의성이 대단합니다. 2020년 9월 열린 제 120회

US오픈에서 역전 우승한 '필드 위의 물리학자'라 불리는 브라이슨 디샘보. 디샘보는 이 대회에서 6언더파로 우승을 했습니다. 선두에 2타 뒤진 채 맞이한 최종 4라운드에서 디샘보는 이글 1개, 버디 2개, 보기 1개로 3언더파 67타를 기록했습니다. 남다른 생각을 한 디샘보는 "내가 갖고 있던 지식을 현실로 만들기 위해 내 머릿속에서 할 수 있는 모든 것을 해왔다"고 말합니다. 자신의 모든 것을 총 동원하고 상상력을 최대한 발동했다는 의미입니다. 디샘보는 골프계의 기존 상식을 계속 깨 나가고 있습니다. 창의성이 뛰어나기 때문에 가능할 수 있는 실험정신일 겁니다. 디샘보의 골프 클럽은 기존 제품과 완전히 다릅니다. 드라이버의 로프트는 5.5도라고 합니다. 주로 10.5도, 9.5도를 쓰는 일반인들에게는 생소합니다. 게다가 6번 아이언부터 피칭까지 모두 길이가 똑같은 '원 랭스(One length) 아이언'을 쓰고 있습니다. 이런 이유로 미국 언론은 디샘보에 대해 "디샘보의 혁명은 시작에 불과하다"고 극찬합니다. 전인지도, 디샘보도 어렸을 때부터 무던히 창조적 습관을 길렀고, 서서히 이 창조적 습관이 누적돼 현재는 크리에이티브 클래스에 진입했다고 할 수 있습니다.

평소 스포츠 경기를 보면서도, 단순히 웃고 즐길 게 아니라 선수 입장에서 "나라면 어떻게 했을 텐데!"라는 창조적 습관을 길러 보는 겁니다. 비록 프로 스포츠 선수들과 신체적 조건은 다를 수 있겠지만, 두뇌를 갖고 상상력으로 시합을 운영하는 창조적 코드만은 습관처럼 연습을 해보는 겁니다. 아이들과 운동장에서 야구나 축구를 할 때도

창조적으로 스포츠를 즐기다 보면
창조적 습관이 쌓이고,
결국 크리에이티브 클래스로 갈 수 있는
지름길을 알게 될 것입니다.

마찬가지입니다. 아이들과 충분히 얘기하면서 이 창조적 두뇌 습관을 기를 수 있는 얘기를 많이 하는 겁니다.

　2016년 나온 아디다스라는 스포츠 브랜드 광고를 보면 이런 부분, 창조적 습관, 창의성, 상상력이 얼마나 중요한 가치인가를 볼 수 있습니다. 아디다스 '스포츠 16'의 'Basketball Needs Creators_농구는 크리에이터를 원한다'라는 영상에는 이 창조성이 뛰어난, 즉 크리에이터가 소개됩니다. 바로 농구 코트에서 창의성을 발휘하는 NBA 선수 제임스 하든(휴스턴 로케츠 가드)입니다. 이 광고성 영상에는 하든이 등장해 창의성이 얼마나 농구 경기를 다르게 만드는지, 창의성이 사라진 농구는 어떤 모습일지에 대해 얘기합니다. 하든 선수에 대해 아디다스 브랜드 커뮤니케이션 라이언 몰란(Ryan Morlan) 부사장은 "하든의 창의성은 경기장 안팎에서 남들과는 다른 그를 만들어내는 것"이라며 "하든은 독특한 그만의 스타일로 이번 시즌 새로운 포지션에서 훌륭한 경기력을 보여주는 것은 물론, 팀을 위해 득점 기회를 창출하는 능력 또한 매우 뛰어나다. 농구에는 경기를 이끌어 가는 크리에이터가 필요하고, 제임스 하든이 앞장서서 그 역할을 하고 있다"고 말합니다.

　스포츠를 직접 즐길 때도, 간접적으로 TV나 경기장에 가서 관람할 때도 그렇습니다. 창조적으로 스포츠를 즐기다 보면 창조적 습관이 쌓이고, 결국 크리에이티브 클래스로 갈 수 있는 지름길을 알게 될 것입니다. 창의적, 창조적으로 스포츠를 하면 어떤 결과가 나오는지, 2018년 러시아 월드컵은 극명히 보여줍니다.

우리 선수들은 독일을 이겼지만, 16강에서 탈락을 했습니다. 다만 인구 416만명의 크로아티아는 당당히 결승에서 프랑스와 싸워 아깝게 지면서 2위를 했습니다. 크로아티아의 경쟁력은 바로 선수들이 창의적, 창조적으로 축구를 한다는 데 있습니다. 어렸을 때부터 큰 무대에 나가 남과 다른 발상을 하고, 남과 다른 플레이를 하며 남이 가지 않은 길을 가려는 선수들이 많은 나라가 바로 크로아티아였습니다. 창조성, 창의성이 적용되지 않는 분야가 없습니다.

레시피 없이 엉뚱한 요리하고
희한한 음식 하며
요리의 창의성 올려 보기

AI, 로봇 시대를 제대로 준비하려면
추리소설, 요리에 집중해야 한다.
세계적인 로봇공학 전문가 데니스 홍

요즘 요리 프로그램이 뜹니다. 인터넷 서핑을 조금만 해도 요리 레시피가 넘쳐 납니다. 인터넷 쇼핑몰에는 다양한 식(食) 재료가 엄청 많습니다. '음식하기'라는 행위가 무슨 창의적일 수 있느냐고 의아해하시는 분들이 있을 겁니다. 그러나 음식하기 혹은 요리하기는 창의적 과정이고, 창의적 습관을 기를 수 있는 아주 좋은 습관, 방법입니다. 다만 반드시 피해야 할 것이 있습니다. 반드시까지는 아닐 수 있지만, 가급적 피해 보는 게 현명할 듯합니다.

그것은 바로 흔히들 하는 것처럼 인터넷을 뒤지고, 요리 책을 찾아 레시피를 그대로 따라 하는 것입니다. 소위 모방일 수 있고, 베끼기일 수 있습니다. 그러나 이렇게 베낀다고 해서 그 고유의 '맛'까지 베낄 수는 없을 겁니다. 흉내 내는 수준은 가능할 겁니다. 그래서 이것은 반드시 피했으면 합니다. 베끼고 흉내 내고 모방하는 그 행위 말입니다. 만들고자 하는 요리의 레시피에 대한 기본적인 정보는 알고 있어야 할 겁니다. 재료로 무엇이 들어가는지 정도는 충분히 알고 있어야겠죠.

그러나 인터넷이나 요리 서적에 나오는 레시피가 요구하는 것처럼 설탕 2 큰 술, 소금 반 큰 술, 마늘 3개, 파 반쪽, 이렇게 천편일률적으로 재료를 준비하고, 면부터 삶고, 3분 30초 후에 면을 건져 낸 뒤 찬물에 헹구고…이런 요리 레시피에 따라 요리를 하지 말라고 감히 말씀 드립니다.

흔히들 "요리할 줄 아세요?"라고 물어보면 상당수 분들이 "전 라면 밖에 못 끓입니다"라고 말합니다. 그러나 어떤 요리라도 좋으니 한번 도전해 보십시오. 레시피는 한 번 정도 훑어보고, 대략적인 재료를 구입하고, 이 재료를 토대로 먹어 보기 어려운 요리를 해 보는 겁니다.

예전에 저는 마요새우라는 음식을 중국 식당에서 먹었습니다. 맛이 있어서 집에서 해먹어 봐야겠다는 생각에, 주말에 칵테일 새우를 사고, 튀김 옷을 입혀서 튀겼습니다. 이후 다 튀긴 새우를 프라이 팬에 올려 놓은 뒤 그 위에 마요네즈를 부었습니다. 이렇게 하면 중식당에서 먹었던 마요새우와 비슷한 요리가 나올 것이라고 생각했습니다. 그러나 제 기대는 철저히 깨졌습니다. 마요네즈를 프라이팬에 올려 놓는 순간, 마요네즈가 다 녹아 내리는 겁니다. 아뿔싸. 기름에 튀긴 새우를 마요네즈에 버무려 내놓으면 되는 것을, 요리를 망친 후 요리책을 뒤져 보고 깨달았습니다. 아 그렇구나. 그러면서 저는 마요새우에 대해 처음부터 마지막까지의 과정을 알 수 있었습니다. 요리를 망치기는 했지만, 못 먹는 것은 아니었습니다. 맛은 떨어졌지만, 충분히 먹을 수 있었습니다.

요리를 망쳐도 상관 없습니다. 죄를 짓는 것도 아닙니다. 오히려 망치면서 더 많은 것을 배울 수 있습니다. 실패에서 더 많은 것을 배우는 것과 비슷한 맥락일 수 있습니다. 이런 과정, 망치고, 새로운 식재료를 넣어보고, 새로운 향신료를 버무려 보고, 과정을 뒤바꿔 보고… 이런 과정을 통해 완전 새로운 요리가 나올 수 있습니다. 그래서 저는 이 음식하기 과정이 감히 창의적 습관을 기를 수 있다고 말하는 겁니다. 아이들의 창의성 교육에 꼭 요리하기가 들어가 있는 것도 이 때문입니다.

2008년 〈누들로드〉, 2014년 〈요리인류〉, 2015년 〈요리인류 키친〉, 2017년 〈요리인류-도시의 맛〉 등을 연출한 이욱정 PD는 한 언론과의 인터뷰에서 "오랫동안 기아에 시달린 에티오피아 농민들은 바나나가 열리지 않는 나무의 속을 캐내 땅에 묻어요. 그걸 발효시켜 빵으로 만들죠. 때때로 우리가 원시적이다, 미개하다고 말하는 음식들은 어떤 환경에서 사람들이 몇 천 년간 적응하며 만들어낸 지혜의 산물이에요. 전 세계 어디를 가든, 그 나라의 음식을 먹으면 식탁 위에 숨겨진 인류의 창의성에 경탄을 하게 되죠. 요리하는 인류의 창의성엔 끝이 없고, 세계 인류의 음식에는 상하우열이 없어요." 요리를 하다 보면 가장 입맛에 맞는 포인트를 찾기 위해 수많은 시행착오를 거쳐야 하고, 이 과정에서 바로 창의성이 발현되게 됩니다. 수많은 시행착오는 바로 창의적 습관이 되고, 이렇게 요리를 하다 보면 창의적 습관이 알게 모르게 쌓이게 되며, 결국은 크리에이티브 클래스로 진

어떤 요리라도 좋으니 한 번 도전해 보십시오.
레시피는 한 번 정도 훑어보고,
대략적인 재료를 구입하고,
이 재료를 토대로 먹어 보기 어려운 요리를
해 보는 겁니다.

입할 수 있게 된다는 겁니다. 제 경험담 하나 더 소개해 볼까 합니다. 집에서 만두를 만들어 먹어본 적이 있습니다. 그때 집 냉장고에 약 2주 가량 삭힌 홍어가 있어, 이걸 만두소에 넣으면 어떨까 하는 호기심이 발동했습니다. 그래서 홍어를 잘게 썰어, 만두소와 함께 섞어 만두를 만들어 먹었습니다. 맛이 어땠을 것 같습니까? 홍어를 싫어하시는 분들은 어떨지 모르겠지만, 한 마디로 끝내줬습니다. 톡 쏘고, 컥~ 하는 홍어의 진한 향이 코끝을 울렸습니다. 저는 이 만두를 '홍두'(홍어+만두)라 명명하고, 언제가 될지 모르지만 제가 만두 가게를 열면 정식 메뉴로 넣어 볼까 하는 생각을 했습니다. 홍어 말고 오리고기를 넣으면 어떻겠습니까? 또 실패하면 어떻습니까? 정 못 먹겠다면 버리면 되고, 어차피 먹을 수 있는 식재료로 했는데, 못 먹기야 하겠습니까? 정말 못 먹을 만큼 맛없는 음식을 먹으면서 새로운 입맛의 경험을 하면 어떻겠습니까?

    요즘 밀레니얼 세대들은 편의점에서 다양한 자신만의 레시피로 편의점 음식을 조합해 먹습니다. 그동안 기성 제품 하나를 전자레인지 등으로 데워 먹는 수준이 아닙니다. 그들 나름대로 음식의 궁합을 맞춰 새로운 음식을 만들어 내는 겁니다. 전자레인지에 데운 만두를 사골곰탕 컵라면에 넣어 먹는 친구들도 있습니다. 삼각김밥을 다 해체한 뒤 여기에 각종 양념과 참기름 등을 넣어 비빔밥을 해 먹는 이들도 있습니다. 감자칩에 치즈를 얹은 뒤 전자레인지에 돌려 먹는 기발한 레시피도 있습니다. 모두 나름의 실험정신(?)을 갖고 창의적으로 요리법을 시도해 본 결과물입니다.

아카데미영화상을 받은 영화 〈기생충〉에 등장한 '짜파구리' 경우도 희한한 조합, 창의성이 만들어낸 레시피일 수 있습니다. 세계적인 로봇공학 전문가인 데니스 홍은 "AI, 로봇 시대를 제대로 준비하려면 추리소설, 요리에 집중해야 한다"고 말합니다. 장난감 레고를 아트(Art)의 경지로 끌어올린 레고 아티스트인 네이션 사와야(Nathan Sawaya) 씨는 작업을 하다가 뭔가 막힐 때 스스로 환기시키기 위해 요리를 한다고 합니다. 그는 "스트레스가 쌓이면 요리를 하는데 감정이 해소되고 마음이 편안해진다. 아마 레고 아티스트가 안 됐다면 요리사가 됐을 듯하다" 고 말합니다. 요리라는, 음식하기라는 창조적 습관이 그를 당대 최고의 레고 아티스트로 만들어줬고 최고 반열의 크리에이티브 클래스로 부상시켜 줬다고 할 수 있습니다.

바르셀로나 인근 바닷가 마을에 있는 '상 파우(Sant Pau)' 오너셰프 카르메 루스카예다(Ruscalleda)씨. 2017년 65세인 그녀는 미슐랭 가이드로부터 최고 영예인 별 3개를 획득한 전 세계 여성 요리사 5명 중 한 명입니다. 그녀는 이렇게 말합니다. "요리는 운동경기처럼 육체적 힘에 따라 결과가 좌우되지 않아요. 아이디어와 창의성으로 승부하는 분야이지요."라고. 무슨 대단한 요리를 해야 한다고 생각하지 마십시오. 그냥 가벼운 요리부터 아이들과 함께 만들어 보는 겁니다. 아이가 "저걸 넣어 보면 어때?"라고 물을 때, "해보자"라고 말하면서 직접 실행에 옮기는 겁니다. 실패하면 어떻습니까? 집에서 하는 요리인데 망친다고 가족들로부터 테러까지야 당하겠습니까? 얼마 전 2020년 '대한민국 명장'으로 선정된 남대현 롯데호텔시그니엘 총주방장의 말도 와닿습니다. "음식은 마음의 문을 여는 열쇠"라고 말합니다.

이 분은 또 "좋은 요리사가 되기 위해서는 요리를 잘 하는 것도 중요하지만 역사, 인문학 등 다양한 공부를 해 배경지식을 쌓는 한편 음식을 상품화하는 능력이나 예쁘게 디자인하는 감각, 강인한 체력까지 갖춰야 한다"고 강조합니다. 음식하기가 단순한 노동이 아니라 통섭적인 창의성이 발휘돼야 한다는 점을 강조했다고 할 수 있습니다. 코로나19로 인해 많은 분들이 언택트 한 삶을 살아가고 있습니다. 다들 어렵고 힘들다고 합니다. 그런데도 어떤 분들은 창의적, 창조적 일상을 보내고 있습니다. SNS에서 뜬 '크로플'이라는 인기 만점의 디저트도 이 창의적, 창조적 산물입니다. 크로와상 반죽 두 개를 와플 기계에 넣어 찍어 내는 크로플(croffle). 크루와상과 와플의 교묘한 합성입니다. 집콕을 하다 보니 달고나 커피를 만들어 먹은 것도 창의적, 창조적 음식 만들기입니다. 과거에는 한 번도 생각하지 않은 남은 음식을 에어프라이어에 넣어 태어나 처음 보는 희한한 음식을 만드는 것도 재미 있는 창의적 발상입니다. 요즘 이런 이종교배된 빵이나 음식들이 많습니다. 어차피 희한한 조합, 교배라 해 먹을 수 없는 것은 아닙니다. 식빵에 고등어 통조림에서 고등어를 꺼내 발라 먹는다고 생각해 보십시오. 속이 이상하십니까? 못 먹을 맛은 아닙니다. 음식하기의 창조적 습관을 차근차근 실험해 보십시오. 크리에이티브 클래스에 차근차근 다가갈 수 있을 겁니다.

만화 보며 놀며 즐기며
낄낄깔깔 웃다 보면 창의성이 쑥쑥

세상은 늘 내 상상 보다도 늦었죠…
전화기도 참 신기한 시절. 작은 전화기로
TV를 볼 수 있다는 걸 상상했는데….

화백 이정문

'어느 화백의 꿈'이라는 광고를 본 적이 있습니까? 얼마 전 SK텔레콤이라는 이동통신사의 광고였습니다. 이 광고에 등장하는 주인공은 바로 이정문 화백이라는 분입니다. 이 분이 광고에 나와서 하시는 말씀. "세상은 늘 내 상상보다도 늦었죠…전화기도 참 신기한 시절. 작은 전화기로 TV를 볼 수 있다는 걸 상상했는데…."라고 말씀하십니다. 그 중간 내레이션. "아무도 상상하지 못하는 세상을 꿈꿨고, 그려왔던 이정문 화백…" 이러면서 광고는 SK텔레콤이 홍보하고 싶어하는 5G 내용을 소개합니다. 제가 주목하는 것은, 이정문 화백께서 무려 50년 전에 미래를 상상하면서 그렸던 만화입니다. 이정문 화백은 만화가라기 보다는 오히려 미래를 예측하는 미래학자가 더 걸맞을 듯합니다. 이정문 화백님은 '서기 2000년대 생활의 이모저모'란 제목의 한 장짜리 만화를 그렸습니다. 한 컷, 한 컷 모아 한 장으로 편집한 이 만화에는 '전기자동차'와 최근 다들 들고 다니는 스마트폰 격인 '소형 TV 전화기', '무빙 워크', '로봇 청소기' 등이 등장합니다. 여기에 태양광을 이용한 집은 물론 수학여행을 달나라로 가고, 원격의료 진료 등을 상상해 냈습니다. 모두 현재의 모습입니다. 그런데 이 만화가 그려진 게 바로 1965년입니다. 정확히 55년 전입니다.

그래서 말씀드립니다. 만화를 보십시오. 만화라고 다 같은 만화는 아닙니다만, 그래도 만화의 창의성, 창조성 코드는 인간의 상상력을 극대화시켜 줍니다. 이정문 화백이 그린 만화는 2020년 현재 모두 생활화됐습니다. 이정문 화백은 이런 말을 합니다. "탱크 바퀴를 감싼 체인에서 무빙 워크를, 군인들이 사용하는 무전기를 보고 답답한 마음에 '얼굴을 보며 통화하면 편할 것 같다'라는 생각에 소형TV 전화기를 상상한 거죠."라고 말입니다. 별거 없었다는 듯 툭 던진 말씀입니다만, 이 화백님의 말씀은 "두드려라. 상상하라. 열린다"는 말을 하는 듯합니다. 이 화백님의 창의성 DNA는 50년이 지난 현재까지도 유효합니다.

이 화백님께서 1976년에 내놓은 로봇 만화 〈철인 캉타우〉는 2018년께 리메이크 됐습니다. 40년도 지난 당시의 창의성, 상상력이 지금에도 먹힌다는 겁니다. 이 작업에는 이 화백님의 아들뻘쯤 되는 만화 스토리작가 겸 프로듀서 윤인완(41)씨가 참여합니다. 윤인완 씨 역시 대단히 유명한 분입니다. 이 분은 한 언론과의 인터뷰에서 "일본에는 사람 엉덩이가 주인공인 만화도 있다. 논리를 갖춰라. 어떤 스토리도 스토리가 될 수 있다." 라고 말합니다. 놀랍습니다. 콘텐츠를 기획하고 이끌어 가는 이 젊은 분의 통찰력이 놀라울 뿐입니다. 만화가 양경일(47)씨와 합(合)을 맞춘 〈신암행어사〉(2001)는 일본에서만 판매 부

수 450만부를 넘겼을 정도라고 합니다. 대단하지 않습니까? 윤인완 씨의 스토리텔링 철학은 바로 "치밀한 논리를 바탕으로 주제와 메시지와 설정이 하나로 모여야 한다"고 말합니다. 논리, 주제 그리고 메시지라는 것입니다만, 결국 이 틀에 작가의 창의성이 덧붙여져야 한다는 의미입니다. 과거의 만화도, 현재의 만화도, 미래의 만화도 모두 이런 창의성에 바탕을 둔 스토리텔링입니다.

창의성이 없는 만화는 만화가 아니라고 말해도 무리라 생각하지 않습니다. 윤인완 씨의 말과 달리 만화라는 게 다소 엉뚱하고, 어이없으며, 기발하고, 논리적 개연성이라는 것은 전혀 없는 허무맹랑한 경우가 많습니다. 뜬금 없기는 하지만 희한하게 재미있습니다. 끌리고, 즐거우며 유쾌한 경우도 많습니다. 국내에서는 일부 학습 만화라는 게 있습니다. 텍스트 즉 교과서를 통해 아이들에게 뭔가를 전달하려는데 이게 쉽지 않으니까 아이들에게 만화라는 그릇에 학습적인 내용, 아이들이 외워야 하는 내용을 줄줄이 전달하려고 합니다. 만화를 이용하는 것이죠. 그러나 이는 오히려 만화라는 장르의 재미를 떨어트리는 잘못된 행위입니다. 만화는 기발해야 합니다. 만화는 엉뚱해야 하고, 만화는 어이 없어야 합니다. 그래야 만화입니다.

만화 선진국인 일본의 경우 이 만화적 상상력, 만화적 창의, 창조성의 기발함이 현재를 이끌어 왔다고 해도 무리는 아니라고 생각합니다. 일본의 현 위치는 바로 그 나라의 만화적 창의성이 만들어낸 결과물이라 해도 과언은 아닙니다. 미야자키 하야오(宮崎駿)를 기억하시고 계실 겁니다. 미야자키 하야오의 〈천공의 성 라퓨타〉, 〈이웃집 토토로〉, 〈붉은 돼지〉, 〈원령공주〉, 〈센과 치히로의 행방불명〉, 〈하울의 움직이는 성〉, 〈벼랑위의 포뇨〉 등은 엄청납니다. 이중 〈원령공주〉는 일본 극장가 역대 최장 기간 상영작입니다. 1420만명 관객 동원이라는 기록을 세우기도 했습니다. 지브리스튜디오를 대표하는 역작이며 일본 애니메이션 역사상 최고의 작품으로 평가되는 명작입니다. 이런 만화의 상상력은 인간의 상상을 초월합니다. 만화는 머릿속에 펼쳐지는 모든 것을 2차원 혹은 3차원 그림으로 그려 낼 수 있습니다. 텍스트, 소위 문자로도 그려내 소설이나 수필 등으로 만들어 낼 수 있겠지만 만화는 훨씬 역동적입니다. 모든 것이 가능합니다. 〈독수리5형제〉라는 만화영화도, 〈코난〉이나 〈공각기동대〉 등도, 〈로보트 태권V〉, 〈마징가Z〉같은 것도 모두 그렇습니다. 말로 표현하는 것에는 한계가 있을 수 있겠지만, 모든 것을 뛰어 넘는 상상력을 총동원해 그림을 그릴 수 있는 겁니다. 이런 2차원 종이 위에 선과 면으로만 그려지는 단순한 그림만으로도 수준 높은 스토리텔링이 가능한 만화나, 유쾌한 상상력으로 넘쳐 나는 만화를 보다 보면 자연스럽게 창의적 습관이 길러집니다.

그림을 잘 그릴 필요는 없습니다. 자신의 생각을 만화적 상상력에 입각해 서툴지만 만화로 그려보는 것도 방법입니다. 그림 일기라는 것을 써 보는 것도 좋습니다. 꼭 누군가로부터 전문적으로 그림 그리는 혹은 만화 그리는 기술을 배워 잘 그릴 필요는 없습니다. 만화 일기

혹은 그림 일기가 이런 차원에서 큰 도움이 될 듯합니다. 최근에는 'K툰 시대'를 얘기합니다. 한류(韓流)의 선봉에 K툰, 한국의 만화가 있음을 얘기합니다. K툰이 모바일로 플랫폼을 이동하기는 했지만 그래도 역시 만화라는 근간이 있습니다. 너무 빠지는 것은 좋지 않지만, 뛰어난 상상력을 갖춘 만화에 심취하는 것은 그 어느 상상력, 창의력을 기르는 습관 중에서도 손에 꼽을 수 있는 습관입니다. 만화에, 그것도 창의성이 넘쳐나는 콘텐츠로 구성된 만화에 빠져 있다 보면, 자연스럽게 창의적, 창조적 습관이 길러집니다. 이렇게 켜켜이 쌓인 습관은 결국 크리에이티브 클래스로 갈 수 있는 바탕이 됩니다. 분명합니다. 습관을 기르면, 그 습관은 결국 뭔가 대단함으로 나타날 것입니다.

그것이 바로 크리에이티브입니다.

스마트폰 카메라로 사진 한 장으로
독창적 사진찍기로 창의성 즐기기

패션 사진도, 자동차 사진도
수많은 사람들이 찍는다.
다른 이들과 똑같은 사진이라면
존재할 이유가 없지 않은가.
'다르게, 잘' 찍어야 한다.

사진작가 **김용호**

요즘 값 비싼 카메라가 아니더라도 1인 1카메라 시대가 됐습니다. 스마트 폰 때문일 겁니다. 이 때문에 누구나 간단한 조작만으로 전문가 수준의 사진을 찍을 수 있습니다. 그렇다 보니 여기저기서 사진을 잘 찍는 방법이나 기술에 대해 알려주는 서적이 넘쳐 납니다. 또 사진 찍는 기술을 가르쳐 주는 학원들도 많아졌습니다. 그러나 감히 말씀 드리는데 사진 찍기는 어렵지 않습니다. 학원까지 다닐 필요는 없습니다. 나만의 방식으로, 나만의 관찰력을 동원해, 나만의 사진을 찍으면 됩니다.

사진 거장들도 사진 찍기에 대해 대단할 거 없다고 말하곤 합니다. 그들은 그들 나름대로의 특이하고 독특한, 그래서 타인의 관심을 끄는 관찰력을 갖고 있을 뿐입니다. 날카로운 관찰력과 유머코드를 무기로 하는 1928년생 사진작가 엘리어트 어윗(Elliott Erwitt). 이 분은 세계적 포토 엘리트 집단인 매그넘 포토스(Magnum Photos) 회원이기도 합니다. 이 분의 어록은 참 재미있습니다.

"나는 프로라기보다는 아마추어 사진가다. 그런데 내 생각에 나의 아마추어 사진이 더 좋은 것 같다." ("I'm an amateur photographer, apart from being a professional one, and I think maybe my amateur pictures are the better ones.")

"사진 찍기는 대단히 간단한 행위다. 사진엔 심오한 비결 따위는 없다. 사진학교는 쓸데없는 곳이다." ("Making pictures is a very simple act. There is no great secret in photography…schools are a bunch of crap. You just need practice and application of what you've learned. My absolute conviction is that if you are working reasonably well the only important thing is to keep shooting…it doesn't matter whether you are making money or not. Keep working, because as you go through the process of working things begin to happen.")

그런데 평소 엘리어트 어윗이 말한 어록에는 재미있는 창의성 DNA가 나옵니다. 바로 "관찰하라"입니다. 눈에 끌리면 카메라로 찍으라고 합니다. 흥미가 간다면 찍으라고도 합니다. 뭐 대단할 게 없다는 것, 이 분의 말씀입니다. 특히 어떤 사물 혹은 어떤 현장을 관찰하면서, 사진기를 누를 때, 나만의 시각으로 찍으라고 말합니다. 이 부분에서 바로 창의성이 발현됩니다.

요즘 SNS를 하는 분들은 그저 맛집에 가 접시에 있는 음식을 찍거나 자신의 고가 명품 가방을 찍어 올리기에 급급합니다. 관찰을 할 필요가 없고, 세밀하게 찍을 필요가 없습니다. 이렇게 말하면 혼날 수도 있겠지만, 자랑만 하면 되기 때문에 빨리 찍고, 피사체의 전체만

드러나면 됩니다. 그러나 중요한 것은 나만의 시각, 창의적 시각입니다. 당연히 찍히는 피사체 혹은 인물 아니면 풍경에 감정이입을 해 마음으로 찍으면 훨씬 창의적인 사진이 될 수 있습니다. 휴대전화 카메라로 후딱 찍는 SNS용 사진 역시 마찬가지입니다. 일반적인 시각이 아닌 남들과 다른, 나만의 창의성 코드가 숨어 있는 사진을 찍는 겁니다. 사진을 보고, 이건 뭐고 저건 뭐라는 뻔한 답이 나오는 사진이 좋을 수 없습니다. 궁금증을 유발하고, "뭐지?" 하는 질문을 할 수 있게 하며, 한참 바라보면 "아!!!" 하는 감탄사와 함께 무릎을 칠 수 있는 사진이 좋은 사진이라고 생각합니다. 일상적인 것, 통상적인 것, 익숙한 것들을 일상적이고 통상적인 시각이 아닌 재해석이나 고정된 틀에서 벗어난 시각으로 찍은 사진이 창의적 사진이라고 믿습니다. 음미

할 수 있고, 감상할 수 있으며, 느낄 수 있는 사진.

이를 위해서는 엘리어트 어윗이 말한 것처럼 꼼꼼히 관찰해야 합니다. 감정이입도 해야 합니다. 피사체 혹은 인물, 풍경에 대한 배려도 해줘야 합니다. 〈모든 모던 월드(modeun modern world)〉라는 책까지 냈던 사진작가 김용호 씨의 말은 참 흥겹습니다. 사진 한 장을 찍을 때 그냥 손가락으로 카메라 셔터를 누르거나 스마트폰을 터치하는 게 아니라는 겁니다. 한 언론과의 인터뷰에서 김 작가는 "패션 사진도, 자동차 사진도 수많은 사람들이 찍는다. 다른 이들과 똑같은 사진이라면 존재할 이유가 없지 않은가. '다르게, 잘' 찍어야 한다. 그러다 보니 자연스럽게 동서양의 역사 공부를 하게 되더라. 한 때는 현대카드 이미지 작업을 하면서 화폐의 역사와 기호학에 깊이 빠졌고, 주역(周易)까지 공부했다."고 말합니다. 남들과 다르게, 마음으로 느끼고, 감정이입을 하기 위해 깊이 있는 공부를 한다는 겁니다. 그러면서 김 작가는 자신의 사진 찍는 그리고 예술 하는 창의성 코드를 찾는 노하우에 대해 어원(語源)을 찾아 들어간다고 조언합니다.

"어원을 파고 들어가는 거다. 일단 작업을 시작할 때 사전을 찾아본다. 예를 들어 현대자동차 카피 중에 '브릴리언트(Brilliant)'가 있었는데, 이는 '빛나는, 찬란한'이란 뜻도 있지만 극도로 정교한 다이아몬드 세공법을 뜻하기도 한다. 그래서 컨셉트 사진에 다이아몬드를 활용했다. 어떤 사물의 기본을 파고들다 보면, 이야기를 풀어갈 방법이 나온다."

스마트폰으로 사진을 찍어도 됩니다. 값 싼 카메라라도 상관 없습니다. 남들과 다른 창의적 사진을 찍는 습관을 기른다면, 속보로 크리에이티브 클래스로 다가갈 수 있습니다. 결국 창의성은 통(通)하게 돼있습니다. 사진을 찍는 창의성과 기획을 하는 창의성, 그림을 그리는 창의성, 글을 쓰는 창의성이 다르지 않습니다. 나가십시오. 여행을 떠나십시오. 그곳에서 다르게, 무조건 다르게, 뭔가를 찍어 보십시오. 창의성이 쑥쑥 커갑니다. 그리고 평소와 다른 시선으로, 어제와 다른 관점으로 렌즈를 들이대 보십시오. 당신이 보는 그것이 보석처럼 반짝반짝 빛날 겁니다. 저자 소개에 삽입한 사진. 딸 아이가 찍은 사진입니다. 아빠를 오뎅 속에 넣었습니다. 창의적이지 않습니까?

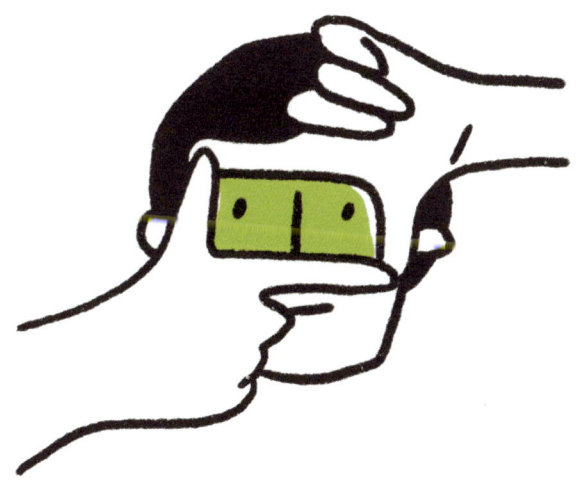

영화 한 편 보며
내 안에 숨어 있는 창의성 깨우기

창의성은 단 한 번의 기회로 얻어지기
보다는 수많은 시행착오가 쌓여
더 좋은 해결책을 모색하는 과정에서
쌓이는 것이다. 많은 부모들이 창의성을
키우는 방법에 대해 물어보는데
대답은 항상 똑같다. 창의 교육은 '놀이'다.
공을 차고 흙에서 뛰어 놀며 나뭇잎을
만지는 게 단순히 노는 게 아니라 놀이를
통해 수많은 경험들이 체화하고
이것들이 통합돼 지식의 밑거름이 된다.
아이들의 창의성을 위해서는 추리소설이나
요리가 더 도움이 될 것이다.

UCLA 교수 **데니스 홍**

일반적으로 영화 관람이라고 합니다. 1만원 정도 되는 금액을 지불하고 보는 영화는 아마 가장 값싼 문화콘텐츠일 겁니다. 최근에야 세계적으로 대유행하는 코로나19로 인해 영화관 가는 게 겁나기도 합니다만, 마스크 쓰고 영화 보면 큰 문제는 되지 않을 듯합니다. 게다가 안방에서 TV로 연결해 바로 볼 수 있는 영화나 시리즈물이 넘쳐 납니다. 콘텐츠 전성시대입니다. '관람'. 어려운 한자어입니다만, 쉽게 말하면 '보는 것'이죠. 그러나 영화에 조금 더 크리에이티브적인 시각을 들이대면 단순한 관람을 벗어나 나만의 창의성을 최대한 느낄 수 있습니다.

방법은 너무 간단합니다. 스토리, 즉 영화가 시작하면서부터 끝날 때까지 이끌어가는 스토리에 대해 스스로 상상하고, 이런 방향으로 흘러갈 것이다, 저 캐릭터는 어떻게 될 것이다, 저렇게 등장한 도구는 나중에 어떻게 쓰일 것이다, 저 캐릭터는 주인공을 배반할 것이다, 저 인물은 지금은 까칠하지만 곧 주인공과 사랑에 빠질 것이다 등등 영화를 보면서 나름대로의 상상을 하는 겁니다. 관객의 시점으로 영화를, 스토리를 보는 게 아니라 작가적 시점으로 영화를 보라는 겁니다. 이런 상상이 맞을 수도 있고, 전혀 다른 방향으로 흘러갈 수도 있습니다. 그건 중요하지 않습니다. 맞으면 어떻고 또 틀리면 어떻겠습니까? 영화 스토리의 전개 방향성에 대한 고민을 한다는 것은 바로 '작가적 시각'을 갖는다는 것입니다. 영화 스토리 작가들의 상상력은 일반인들과는 다릅니다. 당연히 굉장히 창의적이라고 할 수 있습니다. 그러니 이 창의적 두뇌 흐름 구조를 예상하는 것 또한 창의적 작업이라고 할 수 있습니다. 이런 반복된 연습을 하면서 영화를 보면, 당연히 좀 더 새로운 시각과 좀 더 창의적 발상을 할 수 있습니다. 단순히 사랑에 빠지고, 그 감정에 휩쓸려 영화 속에 숨겨져 있는 다양한 장치들은 보지 않고, 흥미 위주로만 영화를 보는 것은 전혀 창의적이라 할 수 없습니다. 어떤 분들은 그까짓 영화 한 편 보면서 그런 생각까지 해야 하느냐고 되묻는 분들이 있을 수 있습니다. 예 맞습니다. 그냥 볼 수도 있습니다. 그러나 실생활, 한 달에 한 편이 됐건, 일주일에 한 편이 됐건 영화를 볼 때 그런 사소한 습관을 갖다 보면, 궁극적으로 크리에이티브 클래스로 갈 수 있는 첫 발자국이 될 수 있다는 것을 말씀드리고 싶습니다.

사실 영화를 볼 때 기억에 남는 장면이나 대사는 기존 것과 다른, 즉 창의적인 것이라고 할 수 있습니다. 조금 오래 되기는 했지만 영화 한 편을 예로 들어보겠습니다. 1999년 개봉한 영화 〈식스 센스〉(The Sixth Sense)를 기억하십니까? 굉장히 충격적인 반전이 있었던 영화였습니다. 1970년생 인도 출신의 감독 나이트 샤말란을 거장의 반열에 오르게 한 영화입니다. 이 영화에 주목하는 이유는 단 하나, 바로 충격적인 반전 때문입니다. 브루스 윌리스가 역할을 했던 아동 심리학자 말콤 크로우의 반전을 기억하시는 분들이 많을 겁니다. 관객들을 깜짝 속이는, 그러나 〈식스센스〉 이전 영화에서는 볼 수 없었던 획기적인 반전. 이 반전 때문에 영화 관객들은 나이트 샤말란 감독을 기억하게 됩니다. 이 영화를 보면서, 만약 관객들이 감독의 호흡과 감독의 스토리, 영화 속 캐릭터들의 움직임, 말투, 행동 등의 세밀한 변화를 체크하고, 스토리가 어떻게 될 것인지 스스로 상상해 가면 영화의 재미는 2배, 3배가 되고, 특히 두뇌 속에 숨겨져 왔던 개개인의 창의성이 눈을 뜨게 된다는 겁니다. 나이트 샤말란의 창조성을 고스란히 전달받고, 그 DNA를 고스란히 배울 수야 없겠지만, 충분히 그 창조적 코드를 깨달을 수 있다는 겁니다.

영화 한 편만 이런 식으로 보는 게 아니라, 1년, 2년 동안 보게 되는 다양한 영화를 이런 습관으로 보게 된다면, 수많은 창의성을 갖춘 감독들과 영화 작가들의 창조적 코드를 간접적으로나마 배울 수 있게 된다는 겁니다. 이런 과정에서 뭐 틀리면 어떻습니까? 즉 영화 스토리가 내가 예상한대로 흘러가지 않을 수 있지만, 오히려 본인이 생각한 스토리의 흐름이 더 창조적이라면, 그것은 향후 본인의 창조성을 더 극대화시킬 수 있는 원점이 될 수 있습니다.

어제와 같은 것을 사람들은 좋아라 하지 않습니다. 일반적인 사람이라면 조금이라도 다른 것을 추구합니다. 영화도, 드라마도 이를 보는 관객이나 시청자들은 그 동안의 뻔한 스토리에 지쳐 있습니다. 그래서 영화 감독도, 영화 작가도 창조성의 코드를 갖추고 있어야 합니다. 비록 영화 감독 또는 영화 작가가 되는 꿈을 꾸지 않고 있더라도, 영화를 볼 때 좀 더 창조적 영화보기 습관을 기른다면 다른 방면에서도 이 창조적 습관은 발현이 될 겁니다. 영화 예고편도 비슷합니다. 스포일러가 포함돼 있는 영화 예고편도 많습니다만, 예고편을 보고 전체 영화 스토리와 과정, 결론 등을 상상해 보는 겁니다. 이 과정을 통해 전체를 그려본 뒤 영화를 감상하는 겁니다. 재미가 배가 될 수 있습니다. 그리고 이 과정을 통해 스스로의 이야기 구성 능력을 기를 수 있습니다. 당연히 이 과정은 한 개인의 창조성 코드를 크게 끌어올릴 수 있습니다.

창의적인 분의 얘기 한 줄 따오겠습니다. 로봇공학의 세계적 전문가인 데니스 홍 UCLA 교수. 갑자기 영화를 얘기하다 왜 로봇을 얘기하느냐고 의아해 하시는 분들도 계실 겁니다. 그러나 영화는 항상 스토리를 만들 때 미래의 얘기, 일어나지 않은 스토리, 말도 안 되는 세상, 터무니 없어 보이는 허무맹랑한 관계를 그려왔습니다. 미래에 나오는 로봇이나 미래의 세상이 그려졌습니다. 지금 우리 눈에는 감히 상상할 수 없는 그런 미래 말입니다. 영화 〈터미네이터〉도 그랬고, 〈로보캅〉도 그랬습니다. 우리나라 영화인 〈설국열차〉도, 일본 애니메이션 〈공각기동대〉도 그랬습니다. 이런 점에서 데니스 홍 교수의 말은 충분히 전달하는 메시지가 있습니다. 그는 "창의성은 단 한 번의 기회로 얻어지기 보다는 수많은 시행착오가 쌓여 더 좋은 해결책을 모색하는 과정에서 쌓이는 것"이라며 "많은 부모들이 창의성을 키우는 방법에 대해 물어보는데 대답은 항상 똑같다. 창의 교육은 '놀이'다. 공을 차고 흙에서 뛰어 놀며 나뭇잎을 만지는 게 단순히 노는 게 아니라 놀이를 통해 수많은 경험들이 체화하고 이것들이 통합돼 지식의 밑거름이 된다"고. 그러면서 "아이들의 창의성을 위해서는 추리소설이나 요리가 더 도움이 될 것"이라고 조언합니다. 왜 요리고, 왜 추리소설일까요? 아마 요리도, 추리소설도 영화만큼이나 창의적 고민과 논리적 순서를 갖고 있기 때문일 겁니다. 당장 아이들과 영화를 보며 이런 즐거운 상상, 재미있는 창의성 게임, 흥겨운 추리하기를 시작해 보는 것은 어떨까요?

달라이 라마는 이렇게 말했습니다. "크리에이티브는 파괴적일 수도, 생산적일 수도 있다. 하지만 크리에이티브가 없다면 더 이상의 진보는 없을 것이다. 인간에게 주어진 특별한 능력 중 하나가 상상력이다." 라고. 맞습니다. 그러니 1년 365일 중 모두 10편의 영화를 본다고 할 때, 그 10편을 무의미하게 보지 말고 창의적으로, 크리에이티브를 갖추고 감상하라고 말씀 드리는 겁니다. 그럼 분명, 우리 속에 감춰져 있는 크리에이티브 DNA가 고개를 들어올릴 겁니다. 이 과정을 반복하면, 결국 크리에이티브 클래스가 되는 겁니다. 영화 〈그랑블루〉, 〈레옹〉, 〈제5원소〉, 〈택시〉, 〈테이큰〉 등의 각본 혹은 영화 제작으로 유명한 뤽 베송(Luc Besson) 감독의 말도 영화를 보며 느낄 수 있는 창의성에 대해 좋은 교훈이 될만합니다. "늘 새로운 문을 열고 싶은 마음, 더 창의적이고 흥미로운 결과를 만들어 공유하고 싶은 마음으로 지금껏 달려왔다"고. 얼마 전 언론 인터뷰에서 한 말입니다. 이 분의 창의적 활동. 이 분의 영화를 보면 충분히 느껴집니다. 뤽 베송의 영화를 보며, 이 창조적 습관을 길러 보는 것도 좋을 듯합니다.

영화를 볼 때 좀 더 창조적 영화보기
습관을 기른다면 다른 방면에서도
이 창조적 습관은 발현이 될 겁니다.

온라인, 모바일 게임은 아니죠!
나만의 게임하기로 창의성 두배로

나이 들었을 때 (노는 걸) 멈추지 말라.
노는 걸 멈추면 늙는다.
보드게임을 통해 새로운 방법과 생각을
끊임 없이 하면 창의적인 사람으로
발전할 수 있다.

보드게임 할리갈리 개발자 **하임 샤피르**

"게임이 창의성을 높여준다고요? 대체 누가 그런 말을 함부로 하는지 잘 모르겠습니다. 게임은 절대 창의성을 키우지 못합니다." 대한민국의 대다수 부모님들이 이런 말씀을 하실 겁니다. 특히 초·중·고등학생 아들을 둔 부모님들의 게임에 대한 원망은 엄청납니다. 그런데 부모님들께서 원망하는 게임은 바로 '온라인' 혹은 '모바일' 게임일 겁니다. 안구건조증이 올 정도로 PC 혹은 스마트폰 화면을 들여다보며 마우스로 혹은 손가락으로 캐릭터를 움직여 무슨 창의성이 높아질 수 있겠습니까? 그런 게임을 한다고 창의성이 높아지는 것은 쉽지 않을 겁니다. 일부에서는 이런 의견에 반론을 제기하기도 합니다. 게임이 충분히 창의성을 높여줄 수 있다고 말입니다. 가능성이 제로이지는 않을 겁니다. 가능합니다. 나민 단순히 게임에 참여해 즐기는 수준이라면 게임은 창의성을 높여주지 못할 겁니다. 게임 개발자의 영역은 다를 수 있습니다. 창의적 수준이 높은 개발자가 개발한 게임은 전 세계적으로 인기를 끌 수 있습니다. 그냥 게임에 집착해 빠져 있는 사람과는 다를 겁니다. 지하철로 출퇴근을 하는데, 출퇴근족(族)

어떤 게임이든 원리 원칙을 지켜
게임을 직접 개발해 보는 것도
좋은 창의적 습관입니다.

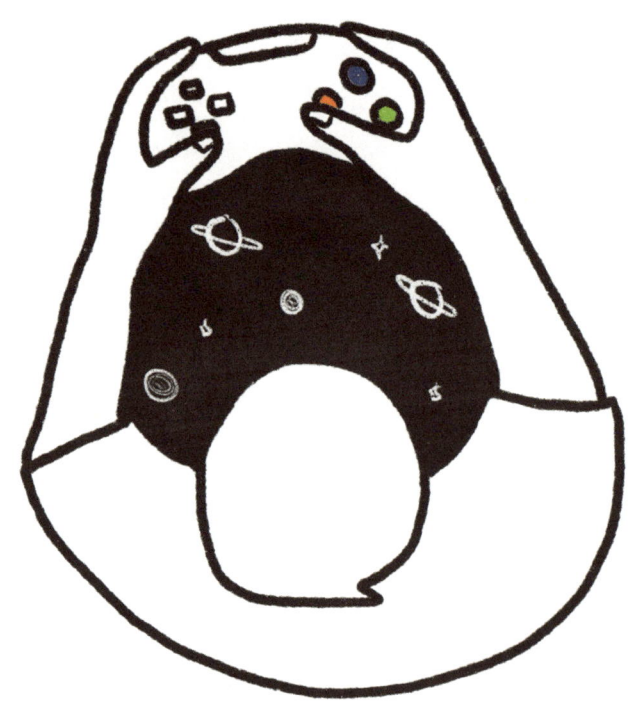

의 상당수는 1시간 안팎의 출퇴근 시간을 게임을 하며 보냅니다. 어떤 분은 RPG게임을 하고, 또 어떤 분은 소위 고스톱을 칩니다. 또 다른 분은 블록 깨기를, 어떤 분은 애니팡 비슷한 게임을, 어떤 분은 야구를… 다들 눈이 빨갛게 충혈돼 게임에 몰두해 있습니다. 재차 강조하면 이런 모바일 게임을 통해 우리가 얻을 수 있는 가치는 거의 없습니다. 안구건조증이라는 뻑뻑함 정도밖에 없을 듯합니다. 일부 RPG 게임을 하며 아이템을 거래한다고는 하는데, 100시간 투자해 1만원 정도 벌 수 있다면, 하지 않는 게 현명할 듯합니다. 투자 대비 수익률이 너무 떨어집니다.

   창의적 게임 하기는 분명 다른 '게임'을 말합니다. 모바일 게임을 말하는 게 아닙니다. 오프라인, 그것도 두뇌를 활용해야 하는 게임을 말씀드립니다. 이런 게임을 하다 보면, 자연스럽게 나의 창의적 습관은 높아질 수밖에 없습니다. 온라인 모바일 게임처럼, 게임을 하면서 손가락의 빠름, 눈동자 회전의 민첩함 등의 능력만 요구하는 게 아니라, 게임 유저의 더 치밀한 창의성을 요구하는 게임이 있다면 이 게임은 적극 권장합니다.

   아이들과 이런 게임을 해보는 것은 어떨까요? 큰 실내화 주머니에 볼펜, 면봉, 동전, 딱풀, 휴지, 교통카드, 구두 주걱, 칫솔, 감기약, 스카치 테이프 등 집에서 쉽게 구할 수 있는 것을 잔뜩 넣어 놓는 겁니다. 그리고 아이와 함께 손 끝의 감각으로만 이 물건이 뭔지 맞히는 게임을 하는 겁니다. 저학년 아이일 때는 난이도를 조절해 아이가 알 수 있는 쉬운 물건을 넣어 놓으면 됩니다. 고학년이 됐을 때는 난이도를 조절해 쉽지 않은, 접하기 어려운 물품을 넣어 놓는 겁니다. 손 끝의 감각으로 이 물건을 맞힐 때, 아이는 오감(五感)을 동원할 겁니다. 촉감은 물론 문질러 나는 소리와 함께, 그 물건의 온도, 그 물건의 재질까지도 꼼꼼히 살펴야 합니다. 두뇌를 활짝 열 수밖에 없고, 이 과정을 통해 아이는 충분한 상상력의 날개를 펼치게 될 겁니다. 예능 프로그램에 이와 관련된 게임이 있기도 합니다. 시청자들은 다 훤히 볼 수 있는 수족관에 오이를 넣어 놓습니다. 그런데 이 게임에 참석한 연예인들은 이 수족관 안을 전혀 볼 수 없고, 손으로 수족관 내부를 더듬어 뭐가 들어있는지 맞혀야 합니다. 어떤 일이 벌어질까요? 연예인들은 마치 뱀이라도 한 마리 수족관에 들어가 있는 줄 알고 호들갑을 떱니다. 당연히 시청자들은 낄낄깔깔 웃음이 터집니다.

　은유, 비유 놀이도 좋습니다. "비가 온다"를 놓고, 아이와 함께 "사자처럼 비가 온다"고 말해 보는 겁니다. 아이는 금세 궁금증을 일으킬 겁니다. "사자처럼?"이라고 되물을 수 있습니다. "사자처럼 사납게 비가 온다"고 말하면 됩니다. 이게 정답은 아니지만, 비슷한 맥락으로 설명해 줄 수 있습니다. 아이는 "방구처럼 비가 온다"고 표현할 수 있습니다. 슬금슬금 방구냄새 퍼지듯 비가 온다는 것을 표현할 수도 있을 겁니다. 이것도 단순히 벽돌 깨기 게임이나 모바일 고스톱 게임보다는 훨씬 좋은 게임입니다. 다소 어울리지 않을 듯한, 그러나 연결해 놓고 보니 어딘가 어색하지 않은 것. 이것이 바로 창의성이 시작되는 지점입니다. 은유와 비유를 하기 위해서 아이는 온 몸을, 온 두뇌를 엽니다. 활짝 열어 놓고 연결을 하려 노력을 합니다. 오감을 열어 놓고 은유, 비유 게임을 하다 보면 우리는 자연스럽게 창의적 습관이 익숙해 지기 시작합니다. 사물을 바라보는 눈이 달라지고, 현상을 느끼는 감정이 바뀌게 됩니다. 현실을 있는 그대로의 현실로 보는 게 아니라 다르게, 내재된 의미까지 포함시켜 보려는 감수성이 돋아나게 됩니다. 더 좋은 은유를 하기 위해 아이들은 어쩔 수 없이 더 많이 알아야 하는데, 이를 위해 어쩔 수 없이 알쓸신잡, 즉 잡(雜)스러운 것들에 관심을 쏟을 수밖에 없게 됩니다. 은유를 통해 오감을 열고, 이후 잡(雜)스러운 것에 대해 자연스럽게 관심을 쏟으며 점점 더 창의적 습관이 길러질 수밖에 없습니다.

과거 어렸을 때 한 번쯤 해 봤던 "원숭이 엉덩이는 빨개, 빨가면 사과, 사과는 맛있어…"와 같은 게임을 해봤을 겁니다. 이 게임 역시 훌륭합니다. 연상시키는 것을 연상시키는 대로 연결해 주는 겁니다. 정답은 없습니다. 이 노래를 바꿔 "원숭이 엉덩이는 빨개, 빨가면 레드, 레드는 자몽, 자몽은 노랑, 노랑은…" 이런 식으로 연결해도 됩니다. 중간에 너무 이상하다고 생각이 든다면 그 나름대로의 합리적 설명을 붙일 수만 있으면 됩니다. 다만 이 과정에서 정답을 강요하지 마십시오. 연상되는 그 수많은 것들 중 내 기준에 맞지 않는다고 그것이 정답이 아니라고 말하면 안 됩니다. 그러니 조금 더 얘기를 해 설명을 들어 보고, 그 설명이 적절한지만 판단해 보면 됩니다.

아이와 함께 손 끝의 감각으로만
이 물건이 뭔지 맞히는 게임을 하는 겁니다.
두뇌를 활짝 열 수밖에 없고,
아이는 충분한 상상력의 날개를
펼치게 될 겁니다.

주방에 있는 각종 소스 혹은 조미료를 눈 감고 맛보게 한 뒤 맞혀 보는 게임도 참 재미있습니다. 캠핑을 떠나, 자연의 소리를 귀로 듣고, 어떤 소리일까 맞혀보는 것도 즐거운 감각 열기일 수 있습니다. 산과 들에 펴 있는 각종 야생화를 보고, 코로 그 내음을 맡은 후 어떤 꽃인지, 그 꽃의 이름은 뭔지 얘기해 보는 것도 온몸으로 경험할 수 있는 좋은 게임일 수 있습니다. 이외에도 다양한 게임을 만들어 볼 수 있습니다. 요즘 보드 게임 중 '루미큐브'라는 게 있습니다. 숫자 놀이인데, 머리를 충분히 쓸 수 있는 창의적 게임이기도 합니다. 직접 루미큐브를 만들어 봐도 됩니다. 숫자판만 만들면 됩니다. 시중에서 파는 것으로 게임을 즐길 수도 있습니다. 어떤 게임이든 원리 원칙을 지켜 게임을 직접 개발해 보는 것도 좋은 창의적 습관입니다. 작은 습관이 결국 크리에이티브 클래스로 갈 수 있는 지름길이 될 것입니다. '할리갈리'라는 보드게임 아시죠? 이 보드게임을 개발한 이스라엘 개발자인 하임 샤피르 씨. 이 분은 할리갈리를 지난 1990년에 개발했다고 합니다. 게임 방식은 단순합니다. 같은 종류의 과일이 5개가 되면 종을 먼저 울리는 겁니다. 이 분은 얼마 전 한 TV프로그램에 출연해 이런 말을 했습니다. "나이 들었을 때 노는 걸 멈추지 말라. 노는 걸 멈추면 늙는다"고. 그러면서 하임 샤피르 씨는 "보드게임을 통해 새로운 방법과 생각을 끊임없이 하면 창의적인 사람으로 발전할 수 있다"고 말합니다. 그러면서 아인슈타인의 어록도 거론합니다. "창의력은 즐기는 능력이다"(Creativity is intelligence having fun)라고.

'미국에서 가장 창의적인 교사'로 꼽히며 줄리아드 음대, 스탠퍼드 대 등에서 다양한 예술교육 활동을 이어온 에릭 부스(Eric Booth) 씨는 게임이나 놀이가 아이들의 창의성에 엄청난 영향을 미친다고 말합니다. "공룡, 로봇, 소꿉놀이, 좋아하는 노래 등 아이가 관심을 보이고 애착을 느끼는 거라면 뭐든 좋아요. 이를 주인공으로 이야기를 만들어 뮤지컬을 제작해 본다거나, 좋아하는 곡의 리듬에 맞춰 오늘 하루 있었던 일을 주제로 개사를 해보는 등 다양한 방식으로 계속 탐구할 수 있도록 도와주세요. 짧은 시간이라도 매일 꾸준히 부모가 직접 나서 음악과 교류하는 시간을 갖는다면, 자녀와의 정서적 교감은 물론 아이의 창의성과 예술적 소양도 함께 길러줄 수 있습니다." 예술과 게임의 멋진 조합이 창의성을 높여줄 수 있다는 겁니다.

몸으로 말하기 게임도 좋습니다. 말 한마디 하지 않는 묵언(默言)을 하면서 몸으로 자신의 의사를 표현하는 게임입니다. 각종 예능 TV 프로그램에 소개돼 어렵지 않게 할 수 있을 겁니다. 아마 자신의 몸을 다 활용해서 자신의 의사를 표현하려 할 겁니다. 손과 발을 이용하고 혓바닥과 코를 눈과 귀를 다 활용해 자신이 입으로만 했어야 하는 의사를 표현하려 들 겁니다. 이 과정이 바로 창의적, 창조적 과정이 될 수 있습니다. 레고로 대표되는 브릭(Brick)도 좋습니다. 아이들의 창의성을 위해 재단을 만든 게임업체 넥슨. 레고 마니아로 유명한 김정주 NXC 대표가 출자해 '글로벌 브릭 기부 사업'을 시작했고, 이 사업을 위해 '소호임팩트'라는 재단을 만들었습니다. 아이들의 창의성을 극대화하기 위해 브릭은 최상의 놀이 기구라는 거죠. 2018년 소호임팩트 이사장을 맡은 프리야 베리 씨는 이런 말을 합니다. "IBM이 각 회사 CEO 1,500명을 대상으로 한 조사에서 직원들에게 가장 요구되는 능력 중 하나로 창의력을 꼽았다"며 "브릭 놀이는 21세기에 요구되는 4가지 능력 발달에 도움을 준다. 커뮤니케이션, 협력, 비판적 사고, 창의력이다. 이러한 기본 능력을 길러주면 빠르게 변화하는 사회에서도 아이들이 성공할 수 있다고 생각한다." 창의적으로 머리를 계속 쓰다 보면, 머리는 자연스럽게 창의적으로 움직이게 돼 있습니다. 이런 창의적 습관은 결국 우리를 크리에이티브 클래스가 될 수 있게 해줄 겁니다. 그것도 재미있게. 항상 재미가 최우선 아니겠습니까?

心樂習常

習

공부? NO 쏠쏠히 쌓이는 학습
習의 창의성 습관 기르기

'글쓰기'
글 속에 창의성 듬뿍 담아 보기

> 글쓰기는 사회 각 분야 잠재 리더에게
> 요구되는 핵심 역량이자
> 생산 및 역량의 요체다.
>
> 서울대 교무처장 **김기현**

좋은 생각이 있는데, 이를 상대방에게 제대로 전달하지 못한다면 어떤 일이 발생하겠습니까? 생각을 전달하는 방식에는 '말'(言)과 함께 '글'(文)이 있습니다. 분명 말은 잘 하는데, 이를 글로 작성해 달라고 하면, 당혹스러워하는 분들이 있습니다. 이는 말을 체계적으로 글이라는 그릇에 담아 내는 연습이 부족하기 때문입니다. 습관이 안 돼 있다는 말이겠지요. 그러나 어렸을 때부터 다양한 '글쓰기'를 하는 습관을 갖고 있다면, 그리 어렵지 않습니다.

일반적으로 글을 써보라고 하면, 덜컥 겁부터 먹는 경우가 비일비재합니다. 평소 연습을 하지 않았고, 그냥 타인이 쓴 글을 읽는데 익숙해져 있기 때문입니다. 신문도 읽지 않으면서, 그냥 하루 종일 포털 뉴스만 뒤섞이고, SNS에 올라오는 짧은 개인적 소회의 글에 익숙해져 있는 상황이라 본인들의 생각을 A4용지 한 장에 옮기는 것도 벅차합니다. 또 학생들은 교과서에 있는 텍스트(글)를 읽고, 자신의 머리에서 원리만 이해하고, 혹은 암기하는데 그칩니다. 자신의 것으로 소화하고, 이것을 따로 글로 정리하는데 익숙하지 않습니다.

　소설을 읽고, 시를 감상하지만, 정작 본인이 소설을 쓰거나 시를 쓰는 것에는 두려움을 느낍니다. 드라마를 보고, 영화를 보지만, 결국 드라마 대본이나 영화 시나리오를 써 보려는 생각은 거의 하지 않습니다. 라디오를 청취하지만, 라디오를 듣고 난 뒤 이에 대한 본인의 감상이나 느낌 등을 정리하는 경우는 거의 없습니다.

　일기를 쓰는 것은 그래서 아주 기초적인 글쓰기의 첫 단추인데, 초등학교 때 숙제로 이 일기 쓰기를 하다 보니 나이가 들면서 점점 흥미를 잃게 됩니다. 그 때부터 벌써 글쓰기는 무섭다, 두렵다, 힘들다, 고통스럽다는 식으로 사고를 하게 됩니다. 그러나 이 두려움의 단계, 고통의 단계를 넘어 그 어떤 장르라도 글쓰기 하는 습관을 기르면 점진적으로 창의적인 인간이 될 수 있을 겁니다. 단박에 글을 잘 쓸 수는 없습니다. 다만 꾸준히 창조적 습관인 글쓰기를 하다 보면, 나도 모르게 창조적 습관이 몸에 배어 있을 겁니다. 신문 사설을 베껴 쓰는 것도 좋습니다. 좋은 글이라고 하는 것을 꼼꼼히 읽어 보는 것도 좋습니다. 최근 명문이라고 온라인 공간에서 회자되는 글을 출력한 뒤 곱씹어 읽어 보고 왜 이 글이 좋은지 스스로 평가를 해 보는 것도 좋은 방식입니다. 좋은 글이라면, 명문이라면 무작정 많이 읽으면 됩니다. 읽고 또 읽으면서 왜 이 글이 이렇게 높게 평가받고 있는지 그 이유를 찾아보는 겁니다. 좋은 글에는 다 이유가 있습니다. 어렵게 썼다고 좋은 글이 아닙니다. 리듬감이 좋고 적절한 비유를 썼으며 동시대를 사는 사람들의 마음을 관통하는 글이라면 좋은 글, 명문이라 할 수 있습니다. 이런 과정을 꾸준히 거친 나는 어느 순간 글을 아주 잘 쓰는 창의적 인물이 되어 있을 겁니다.

서울대 기초교육원이 지난 2017년 2~3월 자연과학대학 신입생 253명을 대상으로 '글쓰기 능력 평가'를 했다고 합니다. 우리나라 최고 학부라 할 수 있는 서울대생의 글쓰기 실력은 어느 정도일까요? 결과는 깜짝 놀랄만한 수준입니다. 87명(34.3%)이 100점 만점에 70점 미만을 받았다고 합니다. 70전 미만은 '수우미양가' 평가에서 '양' 이하에 해당됩니다. 전체 응시자의 평균점수는 73.7점에 불과했다고 합니다. 특히 전체 응시자의 4명 중 1명에 달하는 63명은 서울대의 정규 글쓰기 과목을 수강하기 어려울 정도로 글쓰기 능력이 부족했다고 합니다. 창의성, 창조성의 요체인 글쓰기 능력에 있어 국내 최고 대학

학생의 1/4이 낙제점 수준이라니 놀라울 뿐입니다.

　미국 하버드대에서는 학부와 대학원생을 위해 세분화된 프로그램을 운영하고 있고, 학생 전원이 글쓰기 수업을 의무적으로 들어야 한다고 합니다. MIT에서도 시인, 소설가, 역사가, 과학자 등 다양한 전문 분야의 전담 교수진 30~40명을 두고 글쓰기 프로그램을 운영하고 있다고 합니다. 김기현 서울대 교무처장은 언론 인터뷰에서 "글쓰기는 사회 각 분야 잠재 리더에게 요구되는 핵심 역량이자 생산 및 창조 역량의 요체"라고 말합니다. 글 쓰기가 '창의성'을 길러줄 수 있는 이유는 뭘까요? 바로 글쓰기가 '창의성'을 기르는 첫 단추가 될 수 있기 때문입니다. 글을 쓰다 보면, 머리 속에서 빠르게 두뇌를 회전시켜 글을 쓰고자 하는 대상에 대해 파악하고, 이를 분석한 뒤 자신만의 언어적 감각을 총동원해 글을 읽게 될 독자 혹은 상대방을 설득하기 위해 최대한의 노력을 가합니다. 이 노력의 과정에서 쏟아져 나오는 게 바로 '창의성'입니다. 어떻게 하면 상대방의 마음을 움직이고, 어떤 내용으로 전개를 해야 상대방을 설득할 수 있을지 고심하게 됩니다. 당연히 좀 더 색다른 글쓰기를 시도할 것입니다. 이런 시도, 즉 더 나은 고민을 하는 과정에서 창조성이 꽃을 피우게 됩니다. 본인이 쓴 글, 문장을 읽게 될 상대방의 마음을 헤아리는 과정에서부터 상상의 나래를 펼쳐야 합니다. 이 작은 과정이 글을 쓰면서 창의성을 극대화시켜 줄 수 있습니다. 앞에서도 말씀드렸습니다만 예전 언론사 시험 감독을 들어간 적이 있었습니다. 상식, 논술 등이었는데, 당시 논술 시험 문제는 바로 '左'(좌)였습니다. 만약 이런 시험문제를 접하신다면 어떻게 글을 쓰시겠습니까? 제가 감독을 할 때, 한 수험생이 너무 창의적 글쓰기를 해서 저는 깜짝 놀랐습니다. 바로 이 수험생은 B4 용지 크기의 답안지 절반을 접고 왼쪽에만 '左'에 대한 글을 쓰는 것이었습니다. 형식의 창의성이 돋보였습니다. 그래서 호기심을 갖고 그 수험생을 유심히 지켜봤습니다. 글도 좋았습니다. 안타깝게도 이 수험생은 입사를 할 수 없었지만, 저는 이 수험생을 지금도 기억하고 있습니다. 과거 언론사 시험 공부를 할 때, 논술에서 이런 창의적 글쓰기의 좋은 예들이 많이 소개됐습니다. 한 언론사 논술 시험 문제로 나온 '車'(차)에 대해서도 한 수험생은 車와 茶, 借, 差의 의미로 세분해서 한글로 바꾼 '차'를 써 내려갔다고 합니다. 이 분은 당연히 그 언론사에 입사를 했고, 지금도 그 언론사에서 기자 생활을 하고 있을 겁니다.

아직 우리나라 시험에서는 어떻게 하면 '틀리지 않는' 정답을 써내야 하는지에 초점이 맞춰져 있습니다. 어떻게 하면 선생님께서 칠판에 적어 주신, 선생님께서 말씀해 주신 내용을 얼마나 잘 '외워' 답안지에 얼마나 틀리지 않게 적어 놨느냐가 중요합니다. 어떤 창의적 비유나, 어떤 창의적 형식으로, 얼마나 창의적 생각을 써냈느냐는 중요치 않습니다. 그러니 자꾸 학생들이 정답 외우기에 빠져 있는 겁니다.

창의적 글쓰기를 위해 우리는 뭘 해야 할까요? 참 쉽지 않지만, 다양성을 갖춰야 합니다. 다양한 문화의 영화도 보고, 다양한 장르의 문학작품도 즐겨야 합니다. 자연에도 귀를 기울여야 하고, 이 우주의 변화를 세심히 관찰해야 하기도 합니다. 다양성 영화도 경험을 해보는 겁니다. 꼭 블록버스터만 좇는 게 아니라 우리가 흔히 접하지 못하는 지역의 영화 혹은 다큐 영화, 독립 영화도 경험해 보는 겁니다. 문학도 남미 혹은 아프리카, 서유럽 등 쉽게 접할 수 없는 나라의 문학을 접해 보는 겁니다. 또 새 소리에 귀를 기울이고, 잠시라도 나비와 벌이 어떻게 꽃에 앉아 있는지, 앉아서는 뭘 하는지를 관찰해 보는 겁니다. 꽃 냄새는 어떤지, 바람은 어떻게 부는지, 햇볕은 어떻게 내리쬐는지 더욱 세심하게 느끼는 겁니다. 바람에 색을 입혀 보는 것은 어떨까요? 소리에 향을 얹혀 코로 맡아 보면 어떤 내음이 날까요? 비를 맛으로 감싸게 하고, 햇볕을 손 끝으로 느껴보면 그 감이 어떨까요? 오감을 다 열어 놓고 글을 쓰면 어떨까요? 이런 수많은 과정을 통하다 보면, 그냥 글쓰기가 아니라 창의적 글쓰기가 가능해집니다. 그 작은 차이, 세밀한 움직임, 미묘한 차이를 글로 옮기다 보면 그 글은 당연히 창의적인 글이 될 수밖에 없습니다.

또 글을 쓸 때 톡톡 튀는 글 쓰기를 하는 것도 창의적 글 쓰기의 방법일 수 있습니다. 타인, 즉 글을 읽는 상대방을 궁금하게 만드는 글쓰기, "이게 뭐지?"라고 느끼게 하는 글 쓰기를 하면 창의적 습관이 길러 질 수 있습니다. 여러 광고 카피를 보고 느끼면서 나의 창의적 습관을 높이는 것도 좋습니다. 광고 카피라는 것은 당대의 가장 창의적일 수 있는 직업군, 카피라이터가 만들어낸 창의적 산물입니다. 이것을 보면서 재미를 느끼고, 창의적 코드를 배우는 것도 좋습니다. 최근

삼성증권의 '시작을 시작해'라는 카피도 독특하고 궁금증을 불러 일으키는 카피입니다. 이런 카피를 보고 느끼며 내 창의적 코드를 키우는 겁니다. 이런 재미 있는 카피들이 있습니다. "내면의 아름다움을 채워 드립니다.", "최고의 건강식은 금연입니다.", "毛자람의 美學." 이런 카피를 많이 경험하는 겁니다. 이러기 위해서는 평소 생활을 할 때 이것저것에 관심을 쏟고 관찰하는 버릇을 길러야 합니다. 인간이 가질 수 있는 모든 감각을 열어 놓고 글을 쓰는 겁니다. 그러면 자연스럽게 창의적 글쓰기가 습관화 될 수 있습니다. 그리고 컴퓨터 화면에서 타이핑을 하면서 글을 쓰지 말고, 직접 낙서하는 것과 같이 종이 위에 펜이나 연필로 글을 써 보는 겁니다. 원고지에 쓰는 것도 방법입니다. 의식의 흐름을 무턱대고 타이핑하는 것이 아니라 쉬엄쉬엄 펜으로 써 내려가면 글이 춤을 추게 할 수 있습니다. 글과 글 속에 의식의 강을 만들 수 있습니다. 단어와 단어를 손잡고 날뛰게 할 수 있습니다. 그런 글, 창의성이 흘러 넘치는 글을 쓸 수 있습니다. 글 쓰기에 있어서 창의적인 방법을 사용할 수 있다면, 결국 또 다시 강조합니다만, 크리에이티브 클래스의 반열에 들어설 수 있습니다.

참고로 유명한 분께서 하신 말씀 좀 옮겨보려 합니다. 무라카미 하루키, 더글러스 애덤스 등이 좋아라 하는 작가인 커트 보네거트(Kurt Vonnegut Jr) 선생님의 말씀입니다. 평생 유머러스함과 휴머니즘을 잃지 않았던 이 분은 "웃음은 안도를 갈구하는 영혼의 산물이며 두려움에 대한 생리적 반응"이라고 말하는 창의적 글쓰기를 한 분입니다. 제가 말씀드리려는 바와 크게 상관성은 없습니다만, 그래도 한 번 읽어 보면 좋을 듯해 소개합니다. 지난 2007년 작고 전 그가 마지막으로 남긴 에세이 집 〈나라 없는 사람〉에는 '문예창작을 위한 충고'라는 챕터가 있고, 이 안에 조언이 있습니다.

이를 소개해 봅니다.

문예 창작을 위한 충고

1. 시간을 낭비했다는 느낌이 들지 않도록 완전한 이방인의 시간을 사용하라.

2. 독자가 의지할 수 있는 인물을 적어도 하나는 만들라.

3. 모든 인물은 무언가를 원해야 한다. 그게 물 한 잔일지언정.

4. 모든 문장은 둘 중 하나를 해야 한다. 캐릭터를 드러내거나 혹은 행동을 진행시키거나.

5. 가능한 한 엔딩과 가까운 곳에서 시작하라.

6. 새디스트가 돼라. 주인공들이 얼마나 달콤하거나 순수한지에 관계없이 그들에게 끔찍한 사건이 발생하게 하라.

7. 단 한 사람만 만족시키면 된다. 창문을 열고 세상을 향해 사랑을 나누려 한다면, 당신의 이야기는 폐렴에 걸릴 것이다.

8. 독자들에게 가능한 한 빨리 최대의 정보를 던져라. 독자들은 무슨 일이 일어나고 있는지 이해해야 한다. 그래서 그들이 자신만의 방식으로 이야기를 끝낼 수 있어야 한다. 마지막 몇 페이지를 벌레가 갉아먹더라도 아쉬워하지 않도록 말이다.

그러나 정답은 없습니다. 어디까지나 참고만 히십시오. 절대 외우려 하지 말고, 그냥 스쳐 지나가십시오. "아~~~ 이 분은 이런 방법을 쓰셨구나" 하고 그냥 훑고 지나가십시오. 그리고 창의성, 창조성 습관을 위해 펜을 잡아 보십시오. 뭐라도 메모하고 끄적이며 글을 쓰는 습관을 길러 보십시오. 창조적 인간이 돼 있을 겁니다.

'알쓸신잡'하면 어느 새 나도 모르게 쌓이는 창의성 주워담기

❝
창의성이란 사물과 사물을
하는 것을 의미한다.
창의적인 사람들은 그들이 지닌 경험을
연결해 새로운 것을 합성해 냈을 뿐이다.
그들이 그렇게 할 수 있었던 것은
남들보다 더 많은 경험을 하고 그 경험을
자신의 내부에 축적했기 때문이다.

스티브 잡스

2017년 한 방송사의 프로그램이 인기를 끌었습니다. '알쓸신잡'. 풀어 쓰면 '알아두면 쓸데없는 신비한 잡학사전'입니다. 출연진이 흥미롭습니다. 가수 겸 작곡가인 유희열 씨, 정치·경제 평론가인 유시민 씨, 맛 칼럼니스트인 황교익 씨, 건축가인 유현준 씨, 인간 지각, 인지 및 행동 박사인 장동선 씨, 소설가 김영하 씨와 뇌(腦) 과학자 정재승 교수 등도 출연했습니다. 이들은 방송에서 소위 '수다'를 떱니다. 그것도 점잔 빼는 분들이 볼 때는 쓸데 없는 별로 중요해 보이지도 않는 것들을, 잡(雜)스러운 것들을 대상으로 말입니다. 그런데 이 프로그램에 끌리는 이유는 뭘까요? 자연스럽게 방송 프로그램을 보다 보면 쓸모 없다고 말하는 잡학이 머리 속에 들어온다는 것일 겁니다. 게다가 너무 수준 낮은 '잡(雜)'을 얘기하지 않습니다. 여하튼, 이 알쓸신잡 속에 창의성이 녹아 있습니다. 거꾸로 이야기 하면 '창의성 알쓸신잡'일 겁니다. 아는 만큼 보입니다. 아는 만큼 들립니다. 아는 만큼 느낄 수 있습니다. 아는 만큼 창의성을 발휘할 수 있습니다. '아는 것이 힘'입니다.

한 번 잡(雜)스런 딴짓,
산만한 짓을 해보시면 어떨까요?
본인도 모르는 순간에
창조적 인물이 돼 있을 겁니다.

창의성은 이종(異種)간의 다소 어색하고, 불편해 보일 수 있는 조합을 말할 수 있습니다. 그러나 이 어색함과 불편함을 통하다 보면 일정 시간 후에는 뭔가 새로운 것이 '갑툭튀', 갑자기 툭 튀어 나옵니다. 이게 바로 '창의성'입니다. 다른 것들끼리의 조합을 이끌어 내는 능력, 통섭의 능력이 됐건, 조화시키는 능력이 됐건 이 능력이 바로 창의성입니다. 이를 위해서는 쓸모 없게 보이는 것들, 자잘한 것들, 무심히 스쳐 지나가는 것들, 간단히 말해 소위 우리가 부르는 것처럼 잡(雜)스러운 것들을 많이 알고 있어야 합니다. 그래야 크건 작건 간에 이종 간의 통합과 통섭, 상관 없어 보이는 것들 간의 교감을 이루게 할 수 있습니다.

자석의 N극과 S극이 절대 붙지 않겠지만, 인간의 창의성이 발휘된다면 N극과 S극도 붙일 수 있습니다. 물과 기름은 섞이지 않는다고 하지만, 인간의 창의성이 투입된다면 섞일 수 있습니다. 이를 위해서는 쓸모 없다고 하는 것들, 남들은 다 간과하는 것들을 꾸준히 머릿속에 넣어둬야 합니다. 그렇다고 외우라는 말은 절대 아닙니다. 우리 뇌라는 것은 아주 희한해서 언젠가 한 번쯤 혹은 두 번쯤 경험을 했고, 스쳐 지나갔다면, 그것을 흐릿하게나마 기억하고 있습니다. 그러다 어느 순간에 그 스침을, 그 기억을, 그 경험을 툭하고 던져 냅니다. 그러니 더 많이 경험해야 합니다. 더 많은 호기심의 눈으로, 더 세심한 관찰력을 갖고, 이 쓸모 없다고 남들이 말하는 것들을 지켜보고 관찰하고 눈여겨봐야 합니다. 책을 통해 간접 경험을 하며 쓸데없는 잡

(雜) 지식을 주머니 속에 넣어두는 것도 중요합니다. 방법은 중요하지 않습니다. 직간접적으로 이 알쓸신잡한 지식을 넣어 두는 것이 중요합니다. 다만 직접 '경험'을 바탕으로 그 지식들을 내 것으로 만든다면 최고입니다.

    시간이 오래 걸릴 수도 있습니다. 그 많은 경험을 하기 위해서는 상당한 시간이 필요하기 때문입니다. 그러니 벼락치기 경험을 하지 말고, 오랜 시간 동안 경험을 축적해야 합니다. 하루 한 시간도 좋고, 일주일에 10시간도 좋습니다. 천천히 지속적으로 다양한 경험을 쌓는 겁니다. 이 과정을 통해 잡(雜)스러운 것을 더 많이 차곡차곡 쌓아두는 겁니다. 이 잡(雜)스러운 것들은 결국 우리가 어떤 발상을 할 때 그 진가를 발휘하게 됩니다. 잡(雜)이 옥(玉)이 될 수 있습니다. 언제라고 장담할 수 없지만, 그 언제는 오늘이 될 수도, 내일이 될 수도 있습니다. 언젠가는 옵니다. 반드시. 어떤 아이디어를 낼 때, 어떤 기획을 할 때, 새로운 디자인을 하거나, 새로운 과제를 수행해야 할 때, 갑작스럽게 이 잡(雜)스러운 것들이 튀어나오게 됩니다. 갑툭튀로. 다시 말씀드리지만 창의성이라는 게 이종간의 다소 불편한 조합 혹은 어색한 뒤섞임입니다. 이 불편해 보일 수 있는 뒤섞임을 하기 위해서는 가급적 더 많이 알고 있어야 하고, 더 많이 경험해 봤어야 합니다. 그러니 잡(雜)스러운 것을 등한시하지 말고, 이 잡(雜)스러운 것에 애정을 가져야 합니다. 창의적 인물로 유명한 스티브 잡스는 지난 1996년 2월 〈Wired〉라는 잡지 인터뷰에서 알쓸신잡과 창의성의 연관성을 애

기하기도 했습니다. "창의성이란 사물과 사물을 연결하는 것을 의미한다. 창의적인 사람들은 그들이 지닌 경험을 연결해 새로운 것을 합성해 냈을 뿐이다. 그들이 그렇게 할 수 있었던 것은 남들보다 더 많은 경험을 하고 그 경험을 자신의 내부에 축적했기 때문이다." 여기서 경험이 바로 알쓸신잡을 의미합니다. 잡(雜)스러운 것들을 말합니다.

그럴 시간이 어디 있냐고 하실 수 있습니다. 해야 할 일이 많기 때문에 그런 잡(雜)스러운 것을 챙길 절대적 시간이 부족하다고 말씀하실 수도 있습니다. 따로 챙기라는 게 아닙니다. 잡(雜)스러운 것을 더 많이 머리 속에 넣어 놓기 위해 단어장을 만들고, 이를 외우고 그런 행위를 하지 말라고 말씀 드립니다. 습관처럼, 하루 하루 세상에서 벌어지는 다양한 잡(雜)스러운 것을 쌓아 두십시오. 그러면 이 습관은 무서운 속도로 쌓이게 되고, 이 쌓임은 결국 창조적 습관이 되어 최종적으로 크리에이티브 클래스로 갈 수 있는 첩경이 될 수 있습니다. 흔히들 창의성을 위해서는 '몰입'(Flow)을 해야 한다고 합니다. 예. 몰입도 맞습니다. 몰입할 때 창의성이 극대화 된다는 말도 맞습니다.

미하이 칙센트미하이(Mihaly Csikszentmihalyi)의 책 〈몰입의 즐거움〉, 〈창의성의 즐거움〉에는 몰입의 중요성에 대한 언급이 많습니다. 이 분 몰입의 대명사죠. 미하이 칙센트미하이가 말하는 창조적인 사람들의 10가지 특징이 있습니다. 바로 대단한 활력을 가지고 있지만, 동시에 조용한 휴식을 취하며, 명석하기도 하지만 천진난만한 구석이 있고, 장난기와 극기 책임감과 무책임이 혼합된 모순적 성향이 있다는 겁니다. 여기에 상상과 공상을 즐기며 현실에 뿌리 박은 의식 사이를 오가기도 하며, 외향성과 내향성이라는 상반된 성향을 함께 가지고 있다고 합니다. 또 겸손하면서 동시에 자존심이 강하고, 전형적인 성의 역할에서 벗어나 있거나, 개혁적이며 동시에 보수적인 성향도 갖고 있다고 합니다. 이외에도 자신의 일에 열정적인 동시에 객관적이 될 수 있으며, 개방적이며 감성적인 성향으로 즐거움뿐 아니라 고통과 역경을 즐긴다고 합니다. 결국 몰입을 하면 창의성을 갖출 수 있겠지만, 오히려 정반대인 산만함 역시 창의성의 시작점이 될 수 있다는 것을 말합니다. 몰입과 산만함을 동시에 할 수 있는 사람, 그런 사람이 결국 창조적 습관을 길러 크리에이티브 클래스로 진입할 유형이 될 가능성이 크다는 겁니다. 정답은 없습니다. 한 번 잡(雜)스런 딴 짓, 산만한 짓을 해보시면 어떨까요?

본인도 모르는 순간에 창조적 인물이 돼 있을 겁니다.

세상의 캔버스
신문 보면서 창의성 길러 보기

신문은 세상 돌아가는 이야기를 입체적으로
보여줘요. 편집을 통해 어떤 게 중요한
사안인지 알려주기 때문에 폭 넓게 사고하고
창의성을 기르는 데 도움을 줍니다.
신문을 많이 읽으세요.

정병국 의원

'신문'이라는 상품. 참 희한합니다. 거의 100명 이상의 기자들이 달라 붙어 매일 매일 최고의 상품을 만들기 위해 뜁니다. 모두들 나름대로의 자부심을 갖고 각자가 속해 있는 신문을 최고의 상품으로 만들기 위해 노력합니다. 이렇다 보니 신문이라는 미디어는 참으로 매혹적입니다. 세상일 중 꼭 알아야 할 일들을 나름 중립적 시각으로 보여주려 합니다. 간혹 보수다, 진보다라는 색깔을 보여주며 치우친 목소리를 내는 언론사도 있지만, 독자인 나만 바로 서 있다면 그 정도의 편중된 시각은 잘라 낼 수 있다고 생각합니다. 이 신문을 읽고 정리하고 느끼고 감상하고 상상하는 과정을 통해 창조적 습관을 기를 수 있습니다.

현대인들은 거의 신문을 읽지 않습니다. 주로 스마트폰을 통해 뉴스를 접합니다. 우리나라의 경우 상당수의 국민들이 대형 포털 사이트를 통해 각종 뉴스를 흘립니다. 읽지 않고 '흘린다'는 표현이 훨씬 적절해 보입니다. 이렇다 보니 뉴스의 편식이 심합니다. '숙독'하지 못하고 '속독'합니다. 고민하고 생각하지 못하고 그냥 스쳐 보냅니다.

스포츠를 좋아하는 분은 스포츠 뉴스만 읽습니다. 연예 뉴스를 좋아하면 연예뉴스 위주로 편식을 합니다. 그러나 뉴스는 정치는 물론 경제, 사회, 문화 뉴스는 물론 과학, 세계 등 우리가 일상생활을 하면서 알면 유익한 소식들이 아주 잘 담겨져 있습니다. 그러나 수동적 신문 보기를 하면 이 유익한 매체를 훑고 지나칠 수밖에 없습니다. 이에 반해 창의적으로 신문보기를 하면 창의성이 쑥쑥 자라납니다.

아이들은 물론 성인이 된 후에도 이 창의적 신문보기 과정을 거치면 하루 1cm만큼이라도 창의성이 자라나고, 급기야는 이 창의적 습관을 통해 크리에이티브 클래스로 진입할 수 있는 노하우가 생기게 됩니다. 방법은 그리 어렵지 않습니다. 단순히 신문을 눈으로 읽는데 그치지 말고, 그 속에 숨어 있는 창의성의 코드를 찾아 내 본인의 것으로 만드는 것입니다.

신문에는 하루 동안 일어난 수많은 일들이 소개됩니다. 단순 사건 사고 기사도 있지만, 다양한 인물들이 소개되기도 합니다. 정치·경제·사회 현상들을 분석하고 해석해 주기도 합니다. 수많은 전문가들이 기자들과 인터뷰를 한 뒤 전문적인 내용을 아주 쉽게 설명해 주기도 합니다. 그냥 평범한 사람이 소개되는 기사는 없습니다. 기사에 소개되는 인물들은 어떤 분야에 있어서건 'Something New'한 인물들입니다. 그래서 뉴스(News)가 됩니다. 또 다른 표현으로는 'New+surprising'한 게 있습니다. 새로운 놀라움이 있습니다. 그래서 뉴스, News가 될 겁니다. 이런 인물들의 인터뷰 기사를 보다 보면 그 안에는 분명

한 두 가지 이상의 '창의성 코드'가 발견됩니다. 꼼꼼히 기사를 숙독하다 보면, 그 인물이 품고 있는 성공적 코드, 즉 그만의 창의성 코드를 볼 수 있게 될 겁니다. 사실 이렇게 신문기사에 나오는 인물들의 상당수가 창조적 인물, 크리에이티브 클래스 반열에 오른 인물들이라 할 수 있습니다. 이렇다 보니 이분들의 한두 가지 창의성 코드를 텍스트로 읽고 모방을 해 나가거나, 이 코드를 자신의 코드로 바꿔 나만의 새로운 창의성 코드를 만들어 낼 수 있습니다. 습관적으로, 꾸준히 이런 분들의 기사를 읽고, 다양한 인물들의 창조적 코드를 보면서 스스로 습관화 시키다 보면, 결국 자신도 모르게 창조적 인물이 돼 크리에이티브 클래스 반열에 오를 수 있습니다.

일반인들은 창조적 인물로 평가 받는 광고인 이제석 씨를 직접 만나는 게 쉽지 않습니다. 그러나 가장 쉬운, 가장 비용을 덜 들이고 이제석 씨를 만날 수 있는 방법은 바로 신문기사를 통해서 입니다. 이제석 씨의 인터뷰 기사를 찾아 보면, 이제석 씨의 창조적 코드 중 일부를 확인할 수 있습니다. 그러고는 그의 창조적 DNA 코드를 배우는 겁니다. 2017년2월4일 영남일보에 실린 이제석 씨의 인터뷰 기사를 보면 그의 창조적 DNA코드를 배울 수 있는 단초가 있습니다. 이제석 씨는 인터뷰에서 "광고는 주어진 대상을 바꾸거나 새롭게 만드는 것이 아니다. 대상을 포장하고 인공적인 터치를 가하면 실패하기 십상이다.

그 대상을 그대로 두고 바라보는 시각을 바꾸어야 한다. 쌍꺼풀 수술을 예로 들어보자. 굳이 칼을 대서 쌍꺼풀을 만들어 예뻐지게 하는 것보다 쌍꺼풀이 없어도 더 매력적으로 보이게 하면 성공한 것이다. 달서구의 선사유적도 마찬가지다. 눈으로 볼 때는 단순한 돌처럼 보인다. 당연히 관심을 두지 않고 그 가치도 모른다. 그러면 어떻게 돌의 가치를 알려야 할까. 돌은 그대로 두고 바라보는 시각을 달리해야 한다. 무심코 지나친 평범한 돌이었지만, 그 속에 내재되어 있는 역사성과 가치를 드러내 보여주면 된다. 그러면 돌이 아니라 유물로 보인다. 원시인 조형물은 돌의 가치를 드러내 보이는 장치. 바라보는 관점을 달리하게 하는 것, 이것이 이번 광고의 콘셉트다."라고 말합니다. 또 신문기사를 통해 창조적인 섬(島)으로 변한 남이섬에 대한 스토리를 접할 수 있습니다. 그리고 스스로 질문을 던져 봅니다. "만약 내가 어떤 무인도를 소유하게 된다면 어떻게 꾸며서 사람들로 하여금 찾아오게 만들 것인가?"하는 질문을 던져 보는 겁니다. 얼마 전 C일보에 소개된 경남 거제의 식물원 '외도 보타니아'의 설립자인 최호숙 선생님. 외도 보타니아는 2017년 10월 17일 기준으로 관광객 2000만명을 넘어섰다고 합니다. 연산 100민명이 넘게 이 섬을 찾는다고 합니다. 이런 창조적 공간을 만들어 낸 최호숙 선생님의 다음 꿈은 바로 '외도 패션쇼'라고 합니다. 이미 두 차례 패션쇼 모델로 서 본 경험도 있다고 합니다. 워킹 연습도 하고 있다고 합니다. 이 신문기사를 읽고, 한 번 고민해 보는 겁니다. 만약 나라면 이 외도, 불모지의 외딴 섬, 외도를 어떻게 꾸밀 것인지? 즐거운 상상입니다. 정답도 없습니다. 그냥 미친 척(?)하고 상상을 해보는 겁니다. 이 외도에 맹수를 풀어 놓고, 사람들은 강력 플라스틱 벽으로 둘러싸인 통로로 이동을 할 수 있게 하는 간단히 말해 동물이 사람을 구경하는 동물원을 만드는 것도 재미있는 상상일 수 있습니다.

신문을 하루 이틀 읽으면서 이런 몇 차례의 과정을 거친다고 창조적 습관이 길러지지는 않습니다. 신경과학자인 다니엘 레비틴, 말콤 글레드웰이 쓴 〈아웃 라이어〉에는 "어느 분야에서든 세계 수준의 전문가 즉, 마스터가 되려면 최소한 1만 시간의 연습이 필요하다"라고 돼 있습니다. 1만시간, 416일입니다. 하루 종일 신문을 읽을 수 없으니, 하루 2~3시간씩 집중해서 신문을 읽는다고 하면, 무려 3300여 일, 즉 10년 가까운 시간 동안의 연습을 해야 한다는 계산이 나옵니다. 그러나 이렇게 길 필요도 없습니다. 신문을 창의적으로 읽는 습관은 6개월에서 1년, 하루 2~3시간씩 짬을 내서 읽다 보면 충분히 생깁니다. 중요한 것은 대충 신문기사를 읽지 말고, 각 신문기사에 숨어 있는 창조적 코드를 찾아내면서 상상하며 읽어야 한다는 것입니다. 이렇게 창의적 신문읽기만 한다면 1만 시간씩이나 필요하지 않습니다.

당장 창의적 신문 읽기를 시작해 보십시오. 창의적 코드라고는 눈곱 만큼도 없는 정치 기사나 사건 기사, 연예인 기사가 아니라 우리 뇌 속에 잠자고 있는 창의성 코드를 일깨워 줄 수 있는 창조적 인물에 대한 인터뷰 기사나, 창의성이 넘쳐나는 예술가, 음악가 등에 대한 기사, 디자이너, 광고 카피라이터, 건축가 등의 창조적 코드를 기사를 통해 읽고, 습득하고, 천천히 나의 습관으로 만들어 보십시오. 조금씩 조금씩 크리에이티브 클래스로 진입하게 될 것입니다.

여기에 최근 재미있는 신문 읽기 방식 중 하나가 있습니다. 무작정 오프라인 신문을 읽을 수는 없는 노릇입니다. 모바일 혹은 PC나 태블릿으로도 뉴스를 접하는 경우가 훨씬 많아졌습니다. 텍스트, 즉 활자화된 신문을 읽는 것을 강력 추천합니다만, 어쩔 수 없습니다. 세상이 변했으니 모바일, PC, 태블릿으로도 뉴스를 봐야 합니다. 모바일 혹은 PC로 뉴스를 접할 때 '댓글'을 보는 겁니다. 말도 안 되는 얘기를 쓴 혹은 성희롱이나 타인을 공격하고 비하하는 댓글을 읽으라는 게 절대 아닙니다. 댓글 중 정말 아이디어 넘치는 댓글을 다시는 분들이 있습니다. 이 분들의 아이디어를 댓글에서 배우는 겁니다. 이 분들의 창의성 코드를 댓글을 통해 섭렵하는 겁니다. 요즘 광고하시는 분들 중에 댓글을 읽으면서 나름의 코드를 찾는 분들이 많습니다. 문화체육부 장관을 했던 정병국 의원의 말씀이 떠오릅니다. "인터넷 검색은 자신이 알고 싶은 것만 찾게 할 뿐입니다. 신문은 세상 돌아가는 이야기를 입체적으로 보여줘요. 편집을 통해 어떤 게 중요한 사안인지 알려주기 때문에 폭넓게 사고하고 창의성을 기르는 데 도움을 줍니다. 신문을 많이 읽으세요."

소설 읽기
스토리를 읽고 느끼고 깨달으며
내 속의 창의성 불러 보기

글 쓰는 로봇이 나왔다고 하는데,
나는 사람만이 가능한 창의성을
믿기 때문에 소설 쓰는 로봇에
경쟁의식이나 위협감을
느끼지는 않는다.

베르나르 베르베르

얼마 전 무라카미 하루키(村上春樹)의 소설 〈기사단장 죽이기〉라는 책에 푹 빠져 있었습니다. 너무 재미있어 책장 넘기는데 바쁘기도 했습니다. 시간 가는 것도 모르고 있다가 새벽 2시를 넘긴 적도 있습니다. 이 책의 힘이 뭘까요? 바로 굉장한 창조적 코드입니다. 창의성도 철철 넘쳐 납니다. 완전히 새로운 이야기 소재를 갖고, 창조한 스토리를 토대로, 독자들의 정신을 흡입하고 있는 겁니다. 당연 무라카미 하루키라는 대 작가의 뛰어난 필력, 스토리 구성력도 작용했겠지만, 전반적으로 이 소설의 힘은 바로 독자의 궁금증을 극대화 시키는 창조성에 있다고 봅니다.

그런데 소설을 읽을 때 3자적 입장, 단순히 관찰자 입장에서 소설을 읽지 말고, 1인칭 시점, 좀 더 쉽게 말하면 내가 소설 속 주인공이 돼 소설을 읽으면 그 재미가 몇 배가 되고, 본인의 창의성도 기를 수 있다는 점을 말씀드리고 싶습니다. 소설가도 아닌 나 개인이 어떻게 그럴 수 있느냐고 반문하시는 분들도 계실 겁니다. 그러나 감정이입을 하고, 나를 주인공으로 생각한 뒤 소설 혹은 그 어떤 장르라도 글의 스토리 라인을 따라가 보는 과정은 그렇게 어렵지 않습니다. 그냥 소설에 등장하는 캐릭터 한 명에 '나'를 감정이입 시켜 몰입하면 됩니다. 꼭 주인공일 필요도 없습니다. 소설의 스토리에 자주 등장하기만 하는 인물이면 충분합니다. 〈기사단장 죽이기〉에서 실제 주인공은 '나'입니다. 제가 말씀 드리는 것은 소설을 읽어 내려가면서, 이 주인공 '나'를 실제 소설을 읽는 '나'와 동일시 해보자는 겁니다. 그러면서 '나라면~'이라는 설정과 함께 소설을 읽으면서 질문을 끊임 없이 던져 보라고 말씀을 드립니다. 그러면서 하루키라는 작가는 다음 장면, 다음 챕터, 다음 사건을 이렇게 저렇게 이끌었는데, 만약 소설을 읽는 '나'는 작가의 방식이 아닌 다른 방법으로 접근해 서술 혹은 묘사하겠다고 고민해 보자는 말입니다.

소설을 단순히 한 번 읽고 끝내는 것이 아니라 이런 감정이입 방법을 통해 2~3번 읽어 보는 것도 좋은 방법일 수 있습니다. 2~3번 읽으면 오히려 이 감정이입을 더 잘 할 수 있고, 오히려 더 많은 '나라면~'이라는 방법을 통해 더 풍성한 소설 읽기가 가능해질 겁니다. 바로 창의적 소설 읽기의 시작이 될 겁니다. 이런 과정을 통하면 비록 개개인이 다 소설가가 될 순 없지만, 소설가의 작법을 보면서 독자인 '나' 안에 숨어 있는 창조적 코드를 무한대로 꺼낼 수 있을 겁니다.

〈기사단장 죽이기〉는 1권 끝 페이지가 565P에 달합니다. 이 안에서 발생하는 수 많은 장면을 머리 속에 그려보면서, '나라면~' 작가가 그렸던 방법이 아니라 다른 방법으로 그렸을텐데 라는 방식으로 훈련을 소설은 독자가 자신을 비추는 거울입니다.
읽는 사람마다 느끼는 게 저자인 나와
다를 수밖에 없고, 그건 틀린 게 아닙니다.

하고, 이런 습관을 하다 보면 작가적 시점에서의 창조적 습관이 길러질 수 있습니다. 결국 이런 창조적 습관은 누차 말씀드린 것과 같이 크리에이티브 클래스로 갈 수 있는 첫 발걸음을 환하게 비춰줄 겁니다.

소설을 읽으면서 계속 "꼭 그래야만 하는 것인지?"에 대한 질문을 하는 겁니다. 작가가 의도했던 방향이 아닌 다른 방향을 선택해 보는 겁니다. 완전 다른 결말이 나올 수도 있겠지만, 훨씬 재미있는 소설 읽기 과정일 겁니다. 또 소설을 읽으면서 수많은 질문을 던지고, 그 질문에 대한 스스로의 답을 찾는 과정을 거치다 보면 어느새 나는 창의적 인물이 돼 있습니다. 소설은 픽션(fiction) 입니다. 가상의 허구의 이야기입니다. 작가는 실제 없는 사건을 상상력을 총동원해 재창조, 재구성해냅니다. 그러니 독자인 나는 이 가상의 허구 이야기에 새로운 상상이나 추리를 할 수 있습니다. 창의적 소설 읽기를 통해 전지 전능한 소설가가 될 수도 있는 겁니다.

얼마 전 일본에서는 인공지능(AI)이 인간의 고유 영역으로 알려져 왔던 소설 쓰기에 도전하기도 했습니다. 이렇게 쓰여진 단편소설은 문학상 1차 심사를 통과하기까지 했습니다. 그런데 인공지능이 쓴 소설은 인간 소설가와 달리 쭈뼛쭈뼛하지 않고, 두려워하지도 않고, 틀려도 상관 없는 무모함과 도전정신으로 더 과감한 창의성, 창조성을 글쓰기에 섞어 넣었다고 합니다. AI가 두려운 점이기도 합니다. AI가 소설을 쓰는 시대가 오기는 했지만, 그래도 소설은 인간 고유의 창작의 영역이며 창조성, 창의성이 극대로 발휘될 수 있는 문학장르입니다. 그런데 이 소설 읽기에 '나라면~'의 방식을 적용해 엉뚱한 짓, 딴 짓을 하면서, 말도 안 되는 스토리를 이끌어가며 나 스스로의 창의성을 극대화하는 것은 소설 읽기의 혁명일 수 있습니다. 다만, 이런 다르고 낯선 '짓'들이 독자를 위한 엉뚱한 짓이 아니라 나를 위한, 오롯이 나의 창조적 습관을 위한 짓이라면 전혀 상관없습니다. 문제 되지도 않습니다. 실패해도 괜찮습니다. 실패를 두려워할 이유도 전혀 없습니다. 그러니 소설을 읽으면서 또 하나의 '나'를 위한 버전을 머릿속에 구상하고, 시간이 되면 직접 그걸 토대로 새로운 소설을 창작해 보는 겁니다. 분량도 상관 없습니다. A4용지 3~4장짜리 소설을 써보는 것도 방법입니다. 다만 A4용지 3~4장짜리 소설을 쓰는 게 얼마나 어려울지 생각해 보셨습니까? 원래 긴 것보다 짧은 게, 늘려 쓰는 것보다 줄이고 압축하는 게 더 어렵습니다. 어찌됐건 조금씩 조금씩 이런 창조적 습관이 쌓이고 쌓이다 보면 결국 크리에이티브 클래스로 갈 수 있는 작은 문이 서서히 열리게 될 겁니다.

소설의 3요소는 주제, 구성, 문체입니다. 소설 구성의 3요소는 인물, 사건, 배경입니다. 소설을 읽으면서 이 소설의 3요소와 소설 구성의 3요소를 마음대로 바꿔 보는 겁니다. 등장인물을 없애거나 추가하고, 사건을 더 확대시켜 보기도 하고, 묘사를 더 세밀하게 해 보는 것도 좋은 방법입니다. 사건이나 심리 묘사를 할 때 나만의 독특한 방식을 고민해 보는 겁니다. 이런 노력들은 언젠가 글쓰기나 작문에도 큰 도움을 줄 수 있습니다. 등장인물이 나오는 장소에 대한 것도 소설의

극적 재미를 위해 더 좋은 것을 넣어 바꿔볼 수 있습니다. 음악적 요소도 삽입해 보는 겁니다. 소설 속 등장인물이 재회하는 장면에 이런 음악을 배경음악으로 깔면 어떨까 하는 생각을 해보는 겁니다. 소설 읽기가 창의적으로 변하는 동시에 감수성이 더 풍부해질 수 있습니다. 이런 다양한 시도를 함으로써 소설의 창조적 읽기는 가능해 지게 됩니다. 또 하나의 창의적 소설 읽기 방법은 바로 2차원의 텍스트 문장을 3차원 혹은 4차원의 영상으로 전환해 머릿속에 그려 보는 겁니다. 소위 '비쥬얼화'라고 요약될 수 있는데, 이런 습관을 기르다 보면 머릿속에서 그 모든 상상이 가능해질 겁니다. 지난 2016년 5월 한국을 방문한 소설 〈개미〉, 〈뇌〉, 〈제3인류〉 등의 저자인 베르나르 베르베르. 이 분의 말씀은 소설을 씀에 있어 창의성은 인간만이 갖고 있음을, 그래서 소설을 쓸 때 가장 중요한 것은 창의성이라는 점을 강조합니다. 이 분은 당시 언론 인터뷰에서 "인공지능은 그 자체로 좋은 것도 나쁜 것도 아니며 인간이 사용하기에 달렸다"며 "글 쓰는 로봇이 나왔다고 하는데, 나는 사람만이 가능한 창의성을 믿기 때문에 소설 쓰는 로봇에 경쟁의식이나 위협감을 느끼지는 않는다"고 말합니다.

베르나르 베르베르가 쓴 〈제3인류〉는 발전과 진화의 한계에 부닥친 인간이 17㎝ 크기의 초소형 인간 에마슈를 탄생시키고 에마슈와 인간들이 힘을 합쳐 지구의 위기에 대처한다는 이야기를 담고 있습니다. 이 얼마나 미친 스토리입니까? 얼마나 말도 안됩니까? 그러나 우리나라 독자들은 베르나르 베르베르의 글에 열광합니다. 이 작가의 소설을 엄청나게 사줘 부자를 만들어 줬습니다. 최근에는 〈기억〉이라는 소설을 들고 한국에 다시 나타났습니다. 이미 베스트셀러가 됐습니다. 단순히 즐기려고 소설책을 읽지 마십시오. 즐기는 것도 좋겠지만, 조금 더 창조적 습관을, 책을 읽으면서 새로운 스토리를 붙이고, 새로운 인물을 만들어 보고, 새로운 사건을 일으켜 보십시오.

무라카미 하루키가 최근 단편 소설집 〈1인칭 단수(一人称単数)〉를 출간하면서 인터뷰를 진행했습니다. 이 자리에서 무라카미는 이런 말을 합니다. "소설은 독자가 자신을 비추는 거울이다. 읽는 사람마다 느끼는 게 저자인 나와 다를 수밖에 없고, 그건 틀린 게 아니다"라고. 창의적, 창조적 소설 읽기를 시작해 보는 겁니다. 소설 읽기의 혁명이 될 것입니다. 소설 읽기를 통해 창조적 습관이 길러질 겁니다. 장담합니다.

詩 읽기, 詩 쓰기, 詩 느끼기
詩를 품으며 창의성 품어 보기

오늘날에는 창의성이 그 어느 때보다도
중요시 되고 있다. 그래서 나는 이 글에서
창의성을 기르는 탁월한 방법으로써
'시 읽기'를 소개하고 동시에 진지하게
권하고자 한다. 시 읽기는 창의성이 무엇이며,
또 시는 과연 무엇인가를 면밀히
살펴보는 데에서부터 시작해야하고
그 지점부터 창의성이 시작된다.

철학자, 소설가 **김용규 선생**

단출한 단어 '詩'. 이 시가 매우 창의적입니다. 이런 창조적 결정체, 축약판을 읽고, 써 보고, 느껴 보다 보면, 자연스럽게 창의적 습관이 길러질 수 있습니다. 당연히 이 습관은 점점 크리에이티브 클래스로 갈 수 있는 발자국을 가볍게 만들어 줄 수 있습니다.

왜 시가 창의적일까 생각해 보십시오. 요즘 분들은 평소 시를 접할 일이 많지 않습니다. 그러나 최근에는 신문에도 시 한 편씩은 소개됩니다. 인터넷을 뒤져 보면 충분히 좋은 시들이 많습니다. 좋은 시들을 읽고 느끼고 빠져 보십시오. 시에는 정답이 없습니다. 해석은 오로지 나의 마음 상태, 심리 상태로 인해 수 백 가지로 해석될 수 있습니다. 시험에서야 무슨 의미인지 정답을 찾으라고 하지만 꼭 그럴 필요는 없습니다. 그냥 느끼면 됩니다. 또 단순히 남들이 좋은 시라고 하는 것에 빠져 허우적대지 마십시오. 이해하기도 어렵고, 난해하고, 골치 아픈 시를 해석하며, 전문가들이라고 하는 분들의 말에 현혹되지 마십시오. 직관적으로 쉽게 그리고 마음의 움직임을 그대로 표현한 그런 시에 더 매료돼 보십시오.

지난 25년간 서울 광화문 사거리 교보생명 건물에 붙어 있는 시. 서울 시민들에게 큰 사랑을 받았습니다. 이 시 중 서울시민의 가장 많은 사랑을 받았던 10편의 시를 소개해 보겠습니다. 2000년 봄에 실린 고은 시인의 '길'은 "길이 없으면/길을 만들며 간다/여기서부터 희망이다"라고 읊조립니다. 2004년 봄에는 도종환 시인의 '흔들리며 피는 꽃'이 걸렸습니다. "흔들리지 않고 피는 꽃이 어디 있으랴/그 어떤 아름다운 꽃들도/다 흔들리며 피었나니"라고 노래합니다. 2005년 봄에 서울 광화문 한복판을 따뜻하게 한 시는 바로 김규동 시인의 '해는 기울고'입니다. "가는 데까지 가거라/가다 막히면 앉아서 쉬거라/쉬다 보면 새로운 길이 보이리"라고 우리를 토닥토닥해 줍니다. 읽어도, 읽어도, 느껴도, 느껴도, 좋습니다. 더 소개해 보겠습니다. 2009년 가을에는 장석주 시인의 '대추 한 알'이 다가옵니다. "대추가 저절로 붉어질 리는 없다/저 안에 태풍 몇 개/천둥 몇 개/벼락 몇 개"가 실렸습니다. 2012년 봄에는 나태주 시인의 '풀꽃'이 마음을 설레게 합니다. "자세히 보아야 예쁘다/오래 보아야 사랑스럽다/너도 그렇다". 이런 짧은 글, 간략한 단어로 사람들에게 위로를 줍니다. 2015년 가을에 꽉 차게 다가온 시는 바로 메리 올리버의 '휘파람 부는 사람'입니다. "이 우주가 우리에게 준 두 가지 선물/사랑하는 힘과 질문하는 능력" 멋지다 못해 닭살이 돋습니다. 대단합니다. 제가 이렇게 짧은 시구를 연결하며 강조하는 이유는 시의 창조성, 창의성을 말씀드리고 싶어서 입니다. 시는 세상 아니 이 우주를 담고 있습니다. 모든 것을

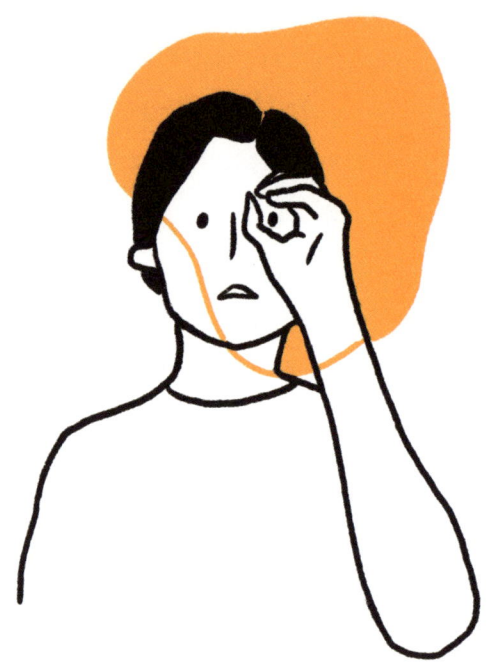

담을 수 있습니다. 다만 이 담는 과정에 있어서 시인의 창조성이 최대한 발휘됩니다. 은유라는 방법도 있을 것입니다. 시인은 시라는 그릇에 세상을 담을 때 시인 각자가 갖고 있는 나름의 창의적 방식을 활용합니다. 얼마 전 아프리카 흑인으로는 최초로 노벨문학상(1986년)을 받은 월레 소잉카 선생님께서 우리나라 고은 선생님과 대담을 한 내용 중 와닿는 부분이 있어서 소개해 봅니다. 이 대담에서 소잉카 선생은 이런 말씀을 하십니다. "시는 사람 사는 사회에서만 일어나는 현상이 아닙니다. 우주 전체의 운율, 파동, 파도, 비, 이슬, 서리, 바람이 모두 시적입니다. 아프리카의 춤, 재즈가 뛰어난 것도 우주와 가깝기 때문입니다. 원래 우리 눈은 짐승처럼 바라봤습니다. 이제 아파트 건너편만 보고 먼 곳을 볼 필요가 없으니 안경을 쓰게 됐습니다. 우리의 시가 고향 먼 곳, 태고, 우주와 만나면 싱싱해질 겁니다. 또 시의 소재는 모든 사물입니다. 사랑하는 임, 사랑하다 떠난 임, 물, 술, 술잔, 희로애락이 있는 한 시는 없어질 리 없습니다."

모든 소재를 나만의 눈으로 바라볼 수 있어야 시를 쓸 수 있습니다. 우주 만물을 시를 통해 경험하고, 시인의 독특하고, 새롭고, 창조적 시각으로 바라본 것을 간접적이나마 느낀다면, 이는 충분히 창조적 습관을 기르고 있다고 볼 수 있습니다. 철학자, 소설가로 유명한 김용규 선생님이 시(詩) 읽기와 창의성이라는 글에서 말씀하신 내용이 참 좋아 보여드립니다. 김 선생님은 〈인디고잉〉 34호에 '20세기가 전문지식의 시대였다면, 21세기는 창의적 사고의 시대다'라는 주장과 함께 아래와 같은 말씀을 하십니다.

"오늘날에는 창의성이 그 어느 때보다도 중요시 되고 있다. 그래서 나는 이 글에서 창의성을 기르는 탁월한 방법으로써 '시 읽기'를 소개하고 동시에 진지하게 권하고자 한다. 어쩌면 여러분은 내 말을 듣고 시 읽기가 창의성을 기르는 데에 무슨 도움이 될까 하고 의심을 할지 모르겠다. 설령 그렇지는 않다고 할지라도, 그런 말들은 익히 들어왔지만 도대체 시 읽기가 어떻게 창의성을 증진시킬 수 있을까 하고 내심 궁금해 할 수도 있다. 그래서 그런 의심과 궁금증들을 풀어주고자 하는데, 그 일은 창의성이 무엇이며, 또 시는 과연 무엇인가를 면밀히 살펴보는 데에서부터 시작해야 한다."

시를 읽어 보십시오. 초등학생들이 쓴 동시(童詩)도 상관 없습니다. 중요한 것은 마음에 와 닿는 시입니다. 감동적인 시라며 더 좋고, 시각이 다르고 낯섦을 읊은 시라면 더 좋습니다. 서점에서 시집 한 권을 사 읽어도 좋습니다. 그리고 마음으로 느껴보는 겁니다. 시 한 편을 읽었는데 그 시가 수록된 시집에서 바람이 불고, 별이 쏟아지고, 햇볕이 비추고, 폭우가 쏟아진다면, 그것으로 그 시는 그 시집은 우리에게 영광이고 축복입니다. 이런 느낌이 차 오르면 시 한 편 써보는 것도 좋습니다.

아이랑 함께 시를 읽어 보는 겁니다. 아이들과 시 짓기 놀이를 해도 좋을 듯합니다. 시를 쓰기 위한 과정에 심상(心象)이라는 게 있습니다. 세상의 모든 것을 떠올리는 겁니다. 소리, 그림자, 작은 움직임,

색깔, 냄새, 흔들림 등등. 인간의 모든 감각을 열어 놓고 대상을 받아들이는 겁니다. 이렇게 모든 것을 활짝 열어 놓고 시를 쓰면 정말 창의적, 창조적 시가 나올 수 있습니다. 이렇게 시를 읽고, 쓰고, 느끼다 보면 자연스럽게 시의 창의성, 시의 창조적인 DNA가 우리 핏속을 흐르게 될 겁니다. 시라는 창조적 집합체는 결국 우리를 크리에이티브 클래스로 갈 수 있는 교두보 역할을 톡톡히 할 것입니다.

 창피하지만, 제가 쓴 시 한 편 소개해 볼까 합니다.

 전문가분들이 보시면 웃으시겠지만,

 상관 없습니다.

낯섬
−許作크

낯섬에 가고 싶다.
한 번도 가보지 못한 그 섬
낯섬에 가고 싶다.
익숙치 못한
아니
익숙치 않은
그
낯섬에 가고 싶다.

가서
익숙함을 벗고
빨개지지 않고
홀딱 벗고
홀딱 웃고
홀딱 울고
홀딱 홀딱
그래보고 싶다.

지금

이 섬은 익숙해서

지금

이 섬은 낯익어서

지금

이 섬은 그래서

이 섬을 떠나고 싶다.

낯섬에 가고 싶다.

가보고 싶다.

그

낯섬에.

원형이 형용사인 '낯설다'입니다. 이의 명사형이 '낯섦'입니다.
섬(島)의 이미지를 넣기 위해 일부러 '섦'이 아닌 '섬'으로 표기했습니다.

그림 아닌 그림 그리며
창의성 레벨 업 시작

> ❝
> 맥락(context), 접촉(contact),
> 콘텐츠(contents)가 없는 창의성은
> 무의미하다. 세 가지의 조화가 진정한
> 창조성이고 아이디어를 강력하게 만들어준다.
> 이 없는 콘텐츠는 공허하다.
>
> 캔버스 월드와이드 CEO **폴 올밍턴**

'그림'의 의미를 조금 추상적(?)으로 말씀 드리겠습니다. 일반적으로 그림이라고 하면, 붓을 들고 물감을 이용해 도화지나 캔버스 등에 무언가를 그리는 것을 말합니다. 제가 여기서 말하는 '그림'이라는 것은 그런 일반적인 그림을 말하는 것은 아닙니다. 조금 추상적으로, 뭔가를 기획한다거나 뭔가를 예상한다거나 하는 것을 말합니다. 이를 놓고 '그림을 그린다'라는 표현을 썼습니다. 예전 드라마 〈대장금〉을 기억하십니까? 저는 이 드라마에서 기억에 남는 장면과 대사가 있습니다. 이영애 씨가 분한 장금(長今)과 한상궁(양미경 분)이 만나 얘기를 나누는 장면이 있습니다. 한상궁은 이미 작고한 장금의 모친 박나인의 친구입니다. 어린 장금에게 요리를 가르치던 수라간의 한상궁은 어린 장금에게 이런 말을 합니다. "너는 요리에 그림을 그릴 줄 아는 애로구나"라고. 요리에 그림을 그린다는 게 언뜻 어울리지 않는 단어의 조합일 수 있습니다. 그러나 요리에 그림을 그린다는 것은 바로 요리의 첫 단계부터 마지막 요리가 완성될 때까지의 미세한 과정을 머릿속에 다 그려 놓고, 이를 순서대로 진행한다는 것을 의미한다고

통섭을 위해서는
우리는 처음부터 끝날 때까지의
전 과정을 주관할 수 있어야 하고,
다스릴 수 있어야 하며,
지휘할 수 있어야 합니다.

할 수 있습니다. 이것도 일종의 그림입니다. 머릿속에 가상으로 그리는 그림이기는 하지만, 엄연히 그림입니다. 이런 의미에서 꾸준히 이런 그림 그리기를 습관화하면 창의성이 높아집니다. 처음부터 이렇게 전체 과정을 머릿속에 그림을 그리는 게 쉽지는 않을 겁니다. 이것도 지속적인 반복과 학습을 통해 습관화 해야 하는 과정을 거쳐야 합니다.

반복적으로 이런 창조적 그림 그리기 습관을 들이다 보면 결국 크리에이티브 클래스로 좀 더 빨리 진입할 수 있을 겁니다. 소설 작가나 영화, 시나리오 작가들은 작품을 구상할 때 등장하는 캐릭터에 어떤 일이 일어나고, 어떤 우여곡절을 겪다가, 누구를 만나고, 사랑에 빠지며, 어떤 난관을 극복해 최종적으로 어떤 결론에 내린다는 것을 처음 도입부부터 마지막 결말부까지 다 '그림을 그립니다'. 작품의 중간중간에 다양한 장치를 넣는 것도, 미래에 일어날 사건을 암시하는 복선(伏線)을 까는 것도, '우연'이 아니라 다 '그림을 그리는' 과정에서 작가의 의도가 듬뿍 들어가 있는 과정입니다. 그런 면에서 작가들은 이야기를 기획하는 화가, 그림을 그리는 사람이라고도 할 수 있습니다.

바둑 기사들도 마찬가지입니다. 내가 한 수를 뒀을 때 상대방이 어떤 수를 둘 것이며, 상대방이 어떤 수를 뒀을 때, 나는 어떤 수를 둘 것이라는 것을 첫 수부터 마지막 수까지 통째로 그려 나갑니다. 천재적인 기사들은 첫 수를 두면서 수 십 수 앞을 내다보고 그림을 그려 놓는다고 합니다. 당연히 매번 바뀌는 상대방의 수에 따라 다른 수를 두겠지만, 그만큼 큰 틀에서의 기획을 하는, 바둑의 그림을 그리는 화가라 할 수 있습니다. 영화나 드라마 시나리오 작가 교육원에 가면 꼭 듣는 말이 있습니다. "떠들지 말고 보여줘라"라고. 실력이 부족한 작가들은 등장인물들이 대사를 통해 떠들게 합니다. "나 지금 화났어!"라고 떠들게 합니다. 그러나 실력이 뛰어난 작가들은 떠들지 않습니다. 영상화 시켜 줍니다. 관객 혹은 시청자가 영상화된 작품을 봤을 때 그림으로 떠오르게 작품을 씁니다. 그래서 '비쥬얼 씽킹'이라는 말도 있습니다. '그림을 그리라'는 것입니다.

'통섭'이라는 조금 어려운 말로 표현될 수도 있습니다. 일반적으로 통섭이라고 하면, 한자로 '소통'을 뜻하는 통섭(通涉)과 '전체를 도맡아 다스림'이란 뜻의 통섭(統攝)의 두 가지 성격을 갖고 있습니다. 전자의 통섭(通涉)이 됐건, 후자의 통섭(通涉)이 됐건 초(超), 즉 넘어섬을 기획하라는 것을 의미합니다. 자꾸 어려워지는데, 크로스오버도 이런 의미에서 통섭을 말합니다. 각 개인이 갖고 있는 지식의 통섭은 물론 기술의 통섭 등을 통해 기존의 것과 다른 새로움이 만들어지는 것, 그것이 바로 창조성일 수 있습니다. 이 통섭을 위해서는 우리는 처음부터 끝날 때까지의 전 과정을 주관할 수 있어야 하고, 다스릴 수 있어야 하며, 지휘할 수 있어야 합니다. 이것이 바로 '그림 그리기'라고 말할 수 있습니다. 오케스트라를 지휘하는 지휘자는 대략 100여명의 사람들을 지휘합니다. 이들을 지휘하며 가장 아름다운 음악을 만들어 냅니다. 이 때도 그림 그리기는 중요합니다.

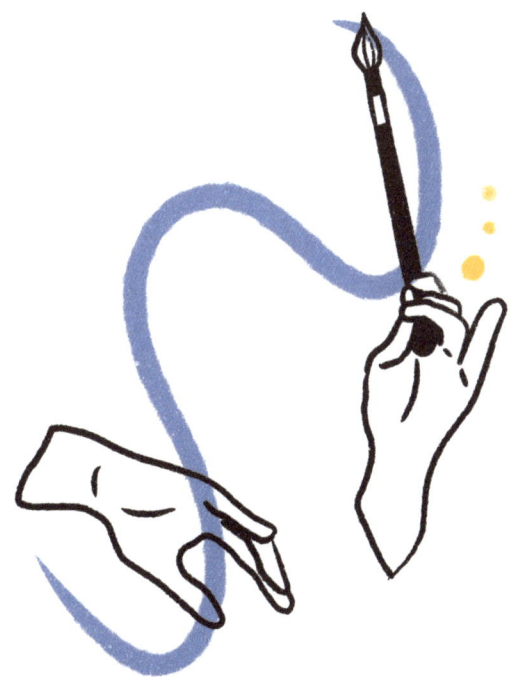

그런 의미에서 지휘자는 창조적 인간형이라 할 수 있습니다. 지휘자이자 리더십 연구가인 이스라엘 출신의 이타이 탈감(Itay Talgam)은 〈마에스트로 리더십〉이라는 저서에서 지휘자의 그림 그리기에 대해 설명을 합니다. 이타이 탈감은 가장 훌륭한 지휘자로 레너드 번스타인을 꼽습니다. 가장 잘 그림 그리기를 하는 지휘자로 꼽은 겁니다. 연주단원으로 번스타인과 함께 일한 한 연주자의 고백에는 번스타인이 얼마나 잘 그림을 그리는지 보여줍니다. "그는 내가 뮤지션이 되고 싶어한 이유를 상기시켜 주었지요. 나에게 내 목소리를 다시 돌려줬습니다"라고. 번스타인은 100여명의 연주단원이 자신들의 개성과 감성. 그리고 지적, 음악적, 창조적, 다양성을 통섭적으로 그림 그리기 했다는 겁니다.

폴 울밍턴(Paul Woolmington) 캔버스 월드와이드 최고경영자는 한 언론 인터뷰에서 회사 이름에 '캔버스'(canvas)라는 이름을 넣은 이유에 대해 "빈 캔버스를 우리의 아이디어로 채우겠다는 뜻"이라며 "많은 미디어 회사들이 새로운 생각을 장착(retrofit)해야 한다. 미래를 위해서 무얼 채워야 하나. 미래의 고객을 위해서 뭘 해야 하나"라고 말합니다. 그러면서 울밍턴은 "맥락(context), 접촉(contact), 콘텐츠(contents)가 없는 창의성은 무의미하다"며 "세 가지의 조화가 진정한 창조성이고 아이디어를 강력하게 만들어준다. 맥락이 없는 콘텐츠는 공허하다"고 강조합니다.

캔버스에 그림 그리기. '두뇌'라는 아니 두뇌보다는 여러분 안의 창조성이라는 캔버스에 가상의 그림을 그려 보십시오. 이것은 어느 하나에 국한시킬 필요는 없습니다. 모든 것에 대해, 이 그림 그리기의 창조적 습관을 길러 보십시오. 조금씩, 조금씩. 그러면 언젠가는 이 창조적 습관이 쌓이고 쌓여 결국에는 크리에이티브 클래스로 성큼 다가갈 수 있을 겁니다.

心樂習常

위대한 것은 일상
常의 창의성 습관 기르기

'WHY'에서 시작해 'WHY'로
'와이'로 키워지는 창의성

'왜(Why)'를
당신이 가장 좋아하는 단어로
삼아라(Make 'why' your favorite word).

알버트 아인슈타인

초등학교도 들어가지 않은 아이들은 부모에게 끊임 없이 묻습니다. "왜?", "왜에?", "근데 왜?"라고. 부모들은 아이들이 어렸을 때는 항상 답해줍니다. 그건 저렇고, 이건 요렇고 나름 애정을 갖고 얘기해 줍니다. 그러나 아이들이 점점 나이가 든 후 자꾸 "왜?", "왜에?", "근데 왜?"라고 물으면 귀찮아집니다. "아 됐어" 혹은 "네가 알아봐"로 넘겨 버립니다. 일반적인 모습입니다. 저도 그랬습니다.

그러나… 이 "왜?", 영어로는 "WHY?"에 집중해야 합니다. 모든 것에 있어 이 "WHY?"라는 것에 초점을 맞춰야 합니다. 모든 궁금증의 출발점은 "왜?"에서 시작되고, 이 "왜?"에서 시작된 궁금증은 최종적으로 답을 이끌어 내는 과정을 통하면서 창의적인 습관이 길러지기 때문입니다.

우리는 모든 것을 절대 알 수 없습니다. 두뇌의 용량에는 한계가 있기 때문입니다. 그래서 볼 수 있는 것, 읽을 수 있는 것, 느끼고 배울 수 있는 것만 두뇌 속에 넣어 놓을 수밖에 없습니다. 넣어 두는 과정에서 "왜?"는 매우 중요하게 작동합니다.

궁금증을 갖고 뭔가에 접근하면 용량에 있어 한정적일 수 있는 두뇌가 좀 더 효율적으로 앎을 축적해 놓기 때문입니다. 이렇게 쌓아 놓은 지식은 상대적으로 덜 잊혀지게 돼 있고, 궁금증을 시작으로 유입된 새로운 팩트는 마치 세포 분열을 하듯 빠르게 다른 것으로 "왜?" 바이러스를 전파시킵니다.

단순히 외우고, 암기하는 과정이 아닌 "왜?"의 과정을 거치면 두뇌에 더 오래 뿌리를 내릴 수 있다는 의미입니다. 이 "왜?" 바이러스의 힘은 무한대입니다. "왜?" 바이러스에 창의성의 습관이 합쳐지면, 무한대로의 확장성을 가지기 때문입니다.

구글이라는 업체에서 면접 시험 문제로 "왜 맨홀 뚜껑은 둥근 것일까요?"라는 질문을 했다고 합니다. 이미 우리나라 인터넷 서핑을 하면 그 답을 쉽게 찾을 수 있습니다. 답이 있을 수는 없겠지만, 그래도 합리적 분석을 해보면, '맨홀'은 'Man Hole'이라고 해 사람이 들어가 수리 혹은 정비를 해야 하기 때문에 둥글게 했다는 이유가 그나마 적당해 보이는 분석 혹은 답일 수 있습니다. 정답이라고 할 만한 내용도 있습니다. 맨홀을 사각으로 만들면 대각선 방향으로 맨홀이 빠질 수 있어 그렇게 만들지 않았다는 겁니다. 그러나 이 역시 정답이 아닐 수 있습니다. '정답'을 찾는 게 중요하지 않습니다. 새로운 해석, 새로운 분석을 찾는 그 과정이 중요합니다. 이제 이 "왜?"라는 질문에 대해서는 이런 식상한 질문 외 뭔가 새로운 답을 구해야 할 듯합니다만, 여하튼 이 말씀을 드리는 이유는 모든 사물에, 모든 현상에, 모든 사건에 이

창의성의 시작은 "왜?"에서 시작됩니다만,
이 "왜?"는 바로 당연한 것에 대한 반기입니다.
자연스러운 것에 대한 궁금증이고,
반복되고 지루한 일상생활에 있어서의
반항입니다.

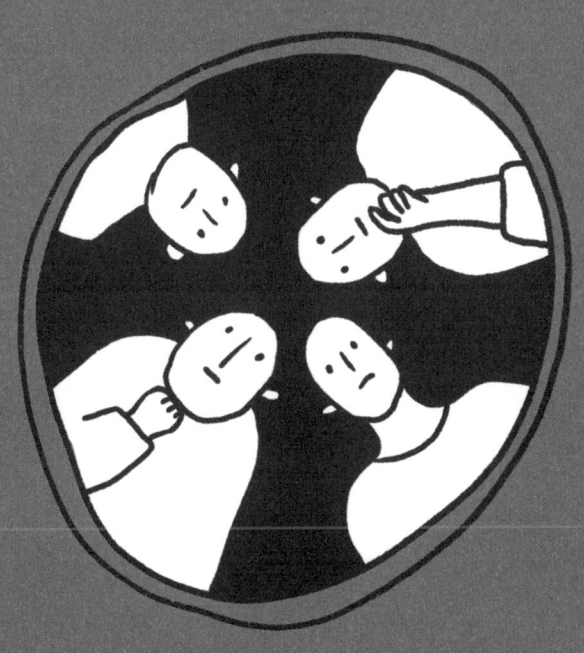

"왜?"를 접목해 보라는 말씀을 드리기 위해서 입니다. 창의성의 시작은 "왜?"에서 시작됩니다만, 이 "왜?"는 바로 당연한 것에 대한 반기입니다. 자연스러운 것에 대한 궁금증이고, 반복되고 지루한 일상생활에 있어서의 반항입니다. 낯선 것에 대한 신선한 접근이기도 합니다.

인터넷 기사를 읽다 보면 "왜?"라는 제목을 뽑는 경우가 참 많았습니다. "OOO은 왜 중도 하차했을까?", "OOO이 헤어진 이유?", "OOO이 전 남친을 찾아간 까닭은?" 모두 다 "WHY?"와 관련된 기사 제목입니다. 이 제목들은 모두 인터넷 독자들의 궁금증을 끌어 올리기 위한 제목들입니다. 가장 많은 독자들이 광적으로 클릭을 하기 때문에 이 "왜?", "이유?", "까닭?"을 썼던 겁니다. 여기에 한 언론사는 "WHY?"라는 섹션을 만들어 운영하기도 했습니다. 이 섹션에 나오는 기사들의 대부분은 "왜?", "이유?", "까닭?"이라는 단어로 독자들을 유혹했습니다. 당연히 독자들은 광적으로 이런 기사에 클릭을 했고 몰입을 했습니다.

1938년에 창업한 일본의 세계적인 자동차 회사인 도요타에는 '5 WHY?'라는 경영기법이 있다고 합니다. 어떤 문제가 발생하면 'WHY?'에 'WHY?'를 더하고, 'WHY?'를 고민해, 'WHY?'를 구해보고, 마지막으로 한 번 더 'WHY?'를 검토해 본다는 의미라고 합니다. 모두 5번의 WHY?를 통해 근본적인 문제점을 해결하려는 노력일 겁니다. 이 5 WHY?가 현재의 도요타 브랜드를 세계 탑 브랜드로 만들었던 겁니다.

겨우 15살의 나이에 기존 기술을 획기적으로 뛰어넘는 췌장암 진단 키트를 개발해, 세계적인 청소년 과학경진대회인 인텔 국제과학기술경진대회(ISEF)에서 최우수상을 받은 잭 안드라카(20)라는 청년은 이렇게 말합니다. "이제는 인터넷 검색 사이트 구글이나 인터넷 백과사전 위키피디아에 있는 무한한 정보를 통해 누구나 과학에 접근할 수 있는 세상이잖아요? 궁금증 하나만 있다면 직접 연구해 어떤 문제도 해결할 수 있습니다."라고. 궁금증을 갖지 않고, 그냥 있는 대로 보고 느꼈다면 잭이라는 청년의 발명품은 세상에 나오지 못했을 겁니다. 그런 면에서 "왜?"라는 궁금증을 가지면서 이에 대해 스스로 답을 찾는 과정을 거쳐보면 좋습니다. "WHY?"의 궁금증에 대한 답을 찾는 과정에 있어서 너무 쉽게 결과에 도달하기 보다는 돌고 돌면서 부딪히고 깨지며, 실패하고 좌절하며 탐구를 하는 태도를 취하는 게 더욱 좋기는 합니다.

이런 면에서 나름 지식을 쌓았다고 자처하는 어른들에게 있어 이 "WHY?"에 대한 호기심은 나이가 들수록 사라지게 됩니다. 아이들도 마찬가지입니다. 초등학교를 지나 중학교, 고등학교를 가면서 현격히 "WHY?"의 궁금증은 줄어듭니다. 그러니 모든 것에 있어서 궁금증을 갖고, "왜 그럴까?", "이유는 뭘까?" 등 "WHY?"에 대해 철저히 고민하는 버릇을 길러야 합니다. 그리고 남들이 모두 말하는 정답이 아니라 하더라도 나만의 답, 나의 얘기, 나를 표현하는 능력을, 나만의 길을 찾는 노하우를 기르면 됩니다. 그게 바로 창의적 습관입니다.

　미(美) 항공우주국(NASA)에서 항공연구부문 최고책임자로 일하는 한국인 신재원 국장. 이 분 역시 'WHY?'를 강조합니다. 신재원 국장은 "모든 일을 할 때 창의성과 유연성을 발휘할 수 있어야 합니다. 그리고 기존의 패러다임에 "WHY?"라는 질문을 할 수 있는 호기심과 배짱도 필요합니다. 여기에 자신의 생각을 선명하면서도 간결하게 표현할 수 있는 소통 능력과 반대로 상대의 의견을 경청하는 태도도 중요합니다"라고 말합니다. 이런 창의적 "WHY?"에 대한 습관을 일상생활 속에서 기르다 보면 결국 크리에이티브 클래스의 최고 반열에 자신도 모르게 우뚝 서 있을 겁니다.
　알버트 아인슈타인 (Albert Einstein)은 생전에 이런 말을 했다고 합니다. "'왜(Why)'를 당신이 가장 좋아하는 단어로 삼아라"라고. (Make

'why' your favorite word) 또 "난 특별한 재능이 있는 게 아닙니다. 그냥 열정적으로 궁금해 하는 것일 뿐입니다"(I have no special talent. I am only passionately curious.)라고. 그럼 됩니다. 호기심, "WHY?" 그리고 이런 궁금증이 넘쳐 나면 항상 돌발적으로 튀어나오는 것, 바로 '질문'. "WHY?"를 갖고 질문을 많이 하시면 됩니다. 당연히 "'WHY?'='창의성'"입니다. 예!!! 맞습니다. 모든 것에 궁금증 "WHY?"를 생각해 보십시오. "바람이 왜 부는지?", "지렁이는 왜 기어가야 하는지?", "태양은 왜 동쪽에서 뜨는지?", "사람은 왜 죽어야 하는지?" 모든 것에 "왜?"를 붙여 보십시오. 그럼 창의적인 인물이 돼 있을 겁니다.

매일 매일 갈아 입는 옷
'인싸'도 되고 창의성도 '줍줍'

> 패션은 자아 정체성과
> 개성을 드러내는 가장 상징적인 표현이며
> 옷을 입는 이들의 관심사와 정체성이
> 에 그대로 드러나 업무에도
> 창의적인 적용이 가능하다.
>
> 라이어슨대 패션학과 부교수 **벤 베리**

'블랙마틴싯봉'이라는 신발 브랜드를 아십니까? 잘 모르시는 분들도 있을 겁니다. 이 제품은 지난 2011년 슈페리어홀딩스라는 회사가 프랑스 브랜드를 인수하면서 시작됐습니다. 이 신발 브랜드를 말씀드리는 이유는 이 신발에 숨겨져 있는 창조적 DNA를 얘기하기 위해서 입니다. 이 신발은 한 켤레를 사면, 뭔 일인지 플러스 한 쪽을 더 줍니다. 신발 한 켤레에 오른쪽 신발을 하나 더 주는 식입니다. 한 켤레의 디자인은 같습니다. 그러나 덤(?)으로 주는 오른쪽 신발은 다른 디자인입니다. 소위 '짝짝이'라 불릴 수 있습니다. 그동안 신발을 이런 식으로 판매한 경우는 없었습니다. 기존 관념에서 완전히 벗어난 겁니다. '블랙마틴싯봉'의 성공 스토리는 무엇을 하던 창의적 습관을 기를 수만 있다면, 눈길을 끌 수 있고, 결국 성공할 수 있다는 좋은 예입니다. '블랙마틴싯봉'으로 기사 검색을 해보면, '창의적인 라이프 스타일 브랜드'라는 수식어가 붙습니다. 멋지지 않습니까? 신발을 하나 사 신고 다닐 때도 이런 창의적 DNA가 배어 있는 제품을 사면, 자연스럽게 창의적 습관이 몸에 밸 수 있습니다.

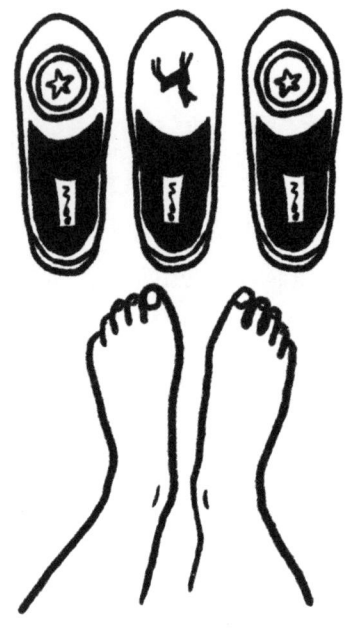

　'블랙마틴싯봉' 이후 국내에서는 다양한 짝짝이 신발이 범람합니다. 신발 끈을 다른 색으로 매는 신발부터 시작해 신발 밑창이 다르거나 양 쪽의 색(色)이 다른 신발들도 소비자들의 눈길을 끕니다. 이게 '블랙마틴싯봉'이라는 브랜드가 바꿔 놓은 신발 세상입니다. 창의적 신발 하나가 신발 시장에 소위 혁명을 일으킨 셈입니다.

최근 패션 트렌드 중 하나가 바로 기존 고정관념에서 벗어나는 겁니다. 소위 왼쪽, 오른쪽이 다른 '언밸런스'(Unbalanced)한 패션이 인기를 끌고 있기도 합니다. 왼 소매와 오른 소매의 색(色)을 다르게 하고, 옷의 앞 면과 뒷면의 색이 다르게 하는 경우도 즐비합니다. 바지의 왼쪽과 오른쪽 색이 다르거나 디자인이 다른 경우도 많습니다. 여성용 치마의 앞 쪽과 뒤 쪽의 길이가 다르거나 색이 다른 경우도 많습니다. 남성용 양복의 경우도 단추 색을 달리해 변형을 추구하기도 합니다. 남성 셔츠 역시 자수나 염색의 문양 혹은 색을 대칭구조가 아닌 비(非)대칭구조로 하는 경우가 많습니다.

우리는 그동안 좌우, 상하 대칭적인 것에 익숙했습니다. 이 때문에 다소 이상해 보였던 옷을, 신발을, 액세서리를, 모자를, 선글라스를 착용한 이들을 보면, 야릇한 시선으로 바라봤습니다. 지난 여름, 젊음의 거리라 불리는 홍익대학교 앞 거리에서 한 젊은 연인이 슬리퍼를 바꿔 신고 다니는 모습을 봤습니다. 검정색, 분홍색 슬리퍼를 각자 구매해 서로 한 짝씩 바꿔 신고 다녔습니다. 제가 젊은 연인들의 사진을 찍고 싶다고 했지만, 거부하는 바람에 사진으로 남겨둘 수 없었습니다만 이런 노력 역시 창의적 습관을 높이는 방법 중 하나라는 생각이 듭니다.

'관종'이라고, '변종'이라고, '이상한 사람들'이라고 폄훼할 필요가 없습니다. 다양한 개성을 가진 이들, 이런 분들이 세상을 바꿀 창의적 코드를 갖고 있다는 것을 인정하고 추구해야 합니다. 이들의 창조적 코드와 DNA를 이해한다면, 오히려 이들의 패션 방식을 차용하고 배워야할 필요가 있습니다. 그렇다고 재봉 기술을 배우라는 얘기는 아닙니다. 또 옷 만들기의 설계도라 할 수 있는 패턴 짜기 기술을 배우라는 것도 아닙니다. 의외로 간단한 과정을 통해 옷 입기의 창의적 습관은 길러질 수 있습니다. 너무 어렵게 생각할 필요는 없습니다.

간단히 집에서 셔츠의 단추를 다른 색으로 바꿔 달아 보는 것도 즐거운 창의성 놀이로 볼 수 있습니다. 옷을 염색할 수 있는 염료를 인터넷으로 구입해 직접 염색을 해 보는 것도 나의 창조적 습관을 기를 수 있는 방법일 수 있습니다. 운동화의 왼쪽, 오른쪽을 다른 색 끈으로 묶고 다니는 것도 꽤 괜찮은 나만의 창의적 습관이 될 수 있습니다.

'패션=창의성'이라는 등식이 그래서 만들어질 수도 있습니다. 패션 디자이너가 되고 싶은 분, 꼭 패션 디자이너가 아니더라도 패션에 관심을 갖고 있는 분들에게 필수적인 것은 바로 '창의성'입니다.

바니스 뉴욕 백화점의 레아 킴 여성복 부사장은 얼마 전 서울에 온 자리에서 한국 디자이너가 세계 무대에서 성장하려면 뭐가 중요하느냐는 질문에 "당연히 독창성과 창의성이다. 다른 것과 비슷하면 절대 안 산다. 디자이너 스스로의 정체성이 분명해야 한다"고 말합니다. 어떤 패션 디자이너라도 '창의성'을 강조할 것입니다. 당연히 개개인이 일상을 살아가면서, 1년 365일 중 모두 365번의 옷을 입게 되는데, 이 때 무심코 아무 옷이나 아무렇게나 입는 게 아니라 나만의 개성을 갖추고, 그 개성에 나의 창의성을 최대한 살려 입는 습관을 기른다면,

백화점이 됐건 아울렛이 됐건
동대문 시장이 됐건 옷을 살 때
너무 밋밋한 옷이 아닌, 나의 창의적 DNA를
드러낼 수 있는 옷을 찾으려 노력해 보십시오.

창의적 습관이 차곡차곡 쌓이게 됩니다. 이 창의적 습관은 결국 나의 창의적 수준을 점차 올려줘 크리에이티브 클래스로 발돋움할 수 있는 기회를 훨씬 높여줄 수 있습니다.

벤 베리 라이어슨대 패션학과 부교수가 얼마 전 하버드 비즈니스 리뷰에 기고한 글을 보면 패션의 창의성 부분이 고스란히 녹아 있습니다. 벤 베리 부교수는 '엄격한 복장 규범'과 '획일화'가 조직의 창의성과 혁신을 막는다고 말합니다. 창의성과 혁신은 개인의 차이를 드러내도록 장려하고 존중하는 지점에서 발휘되는데, 그 첫 단추가 바로 '패션', 옷 입기라는 겁니다. 베리 교수는 "패션은 자아 정체성과 개성을 드러내는 가장 상징적인 표현"이며 "옷을 입는 이들의 관심사와 정체성이 패션에 그대로 드러나 업무에도 창의적인 적용이 가능하다."고 강조합니다. 백화점이 됐건 아울렛이 됐건 동대문 시장이 됐건 옷을 살 때 너무 밋밋한 옷이 아닌, 나의 창의적 DNA를 드러낼 수 있는 옷을 찾으려 노력해 보십시오. 그런 옷이 없다면, 가볍게 단추라도 자수라도 와펜이라 불리는 스티커형 혹은 자수형 문양이라도 붙여 보십시오. 그 간단한 과정으로 당신의 창의적 DNA는 높아질 수 있습니다.

질문하고, 질문하고, 또 질문하고
질문하면 창의성이 최대치로

성공한 사람이라는 말을
듣는 사람들에게는 공통점이 있다.
자기 자신과 타인에게
'좋은 질문'을 던진다는 것이다.
그들 모두는 고도의 질문 능력을
갖추고 있다. 우수한 사람과
그렇지 않은 사람을 나누는 차이는
그들이 하는 질문에 있다.

일본 경영자 코치 아와즈 교이치로(栗津恭一郎)

'호모 쿵푸스'라는 단어를 접한 순간, 저는 쿵푸를 잘 하는 인간형을 의미하는 거라고 즐거운(?) 상상을 했습니다. 〈공부의 달인 호모 쿵푸스〉라는 책에 정말 좋은 문구가 있어 소개하지 않을 수 없었습니다. 바로 "질문의 크기가 내 삶의 크기를 결정한다"는 문구였습니다.

우리는 살면서 수없이 많은 질문의 순간에 접하게 됩니다. 그러나 쭈뼛쭈뼛 질문을 못하고 입 속에서, 혀 끝에서 망설일 때가 참 많습니다. 그동안 대한민국 사회가 자유롭게 질문을 할 수 있는, 질문을 받고 대답을 하는 그런 구조는 아니었습니다. 얼마 전 한 정치인이 다소 불편하고 까칠할 수 있는 질문에 대해 버럭 화를 냈던 것 기억하십니까? 아직 질문에 있어, 그리고 그 대답에 있어 대한민국이라는 나라가 후진적이라는 점을 보여주는 사례일 수 있습니다. 나이가 많은, 윗사람의, 권력이 있는, 재력이 있는, 더 좋은 학교를 나온, 좋은 위치에 있는 사람이 말하면, 듣고 말한 대로 따라 하는 조금 불편한 표현일 수 있지만 '그 따위' 사회였습니다. 그러나 우리나라가 바뀌었습니다. 점점 상명하복 식의 구조에서 벗어나고 있습니다. 이제는 오히려 나이가 어린, 아랫 사람의, 권력이 없는, 가난한, 그리 좋지 않은 학교를 나온, 낮은 위치에 있는 사람이 말하는 가치가 통할 수 있는 사회로 점점 변화하고 있습니다. 다양성의 사회로의 진입이라고 할 수 있을 겁니다. 일방통행은 있을 수 없습니다. 아마도 정의로운 사회가 되려는 발판이 되고 있다고 생각합니다. 이 과정에서 가장 중요한 것은 바로 '질문'입니다. 질문의 힘은 여러모로 세상을 바꿔 놓고 있습니다.

"성공한 사람이라는 말을 듣는 사람들에게는 공통점이 있다. 자기 자신과 타인에게 '좋은 질문'을 던진다는 것이다. 그들 모두는 고도의 질문 능력을 갖추고 있다. 우수한 사람과 그렇지 않은 사람을 나누는 차이는 그들이 하는 질문에 있다." 일본 기업인들의 '경영자 코치'로 활동하고 있는 아와즈 교이치로(栗津恭一郞) 주오대 교수가 "질문의 차이가 인생의 차이를 만든다"며 들려주는 얘기입니다. 한국경제신문 7월13일자 B3면 기사 "좋은 질문은 깨달음을 주고, 사람을 사로잡는다"는 아와즈 교수가 정리한 '좋은 질문을 하는 기술'을 소개합니다. "성공한 사람들 대다수는 동일한 질문을 반복하는 데 만족하지 않고, 스스로에게 매일 새로운 질문을 던지려고 노력한다. 새로운 질문이 새로운 행동으로 연결되고, 그것이 성공으로 이어진다는 사실을 잘 알고 있기 때문이다." 아와즈 교수는 '좋은 질문'을 여덟 가지 유형으로 정리했습니다. ①'정말로 하고 싶은 일'에 대한 질문 ②대의(大義)를 묻는 질문 ③단어의 정의를 묻는 질문 ④'반대 개념'을 묻는 질문 ⑤당연하다고 여기던 것을 의심해보도록 묻는 질문 ⑥'역지사지'로 묻는 질문 ⑦지금 현재와 미래에 대해 묻는 질문 ⑧개방형 질문(open question)의 형태로 묻는 질문.

질문을 잘 해야 하는 직업군에 바로 '기자'가 있습니다. 기자 생활을 잘 하는 분들의 가장 중요하고 가장 핵심적인 능력은 바로 '질문'입니다. 능력 있다고 평가 받는 기자분들은 하나같이 "왜 예리한, 송곳 같은, 핵심을 찌르는 질문을 하지 못하는 것일까?"라고 다른 기자들에게 답답함을 표시합니다. 한국 기자들에게 뼈 아픈 사례가 있었습니다. 2010년 G20 정상회의에서 미국 오바마(Obama) 전 대통령이 한국 기자들에게 질문을 하라고 기회를 줬습니다. 친절하게 통역을 해 주면 되겠느냐고도 했습니다. 그러나. 한국인 기자들 중 단 한 명도 손을 들어 질문을 하지 않았습니다. 왜 그랬을까요? 왜 한국 기자들은 손을 들어 자신이 질문을 해 보겠다고 하지 않았을까요? 결국 그날, 한 중국인 기자가 일어나 질문을 하겠다고 나섰습니다. 오바마 전 대통령은 "나보다 영어를 잘 하는군요"라는 농담과 함께 "분명 한국 기자들에게 기회를 줬다"고 말합니다. 그런데도 아무도 손을 들지 않습니다. 이 참혹한(?) 장면은 유튜브 영상에도 고스란히 남아 있습니다.(https://www.youtube.com/watch?v=efLd2RmTT0g)

좋은 고등학교를 나와, 명문 대학에서 참 많이 배웠고, 현장에서 많이 경험하고 싸웠던 한국 기자들이 왜 질문할 수 있는, 평생 한 번 올까 말까 하는 미국 대통령과의 질의 응답에 단 한 번의 질의도 하지 못했던 것일까요? 이런 의미에서 "질문의 크기가 내 삶의 크기를 결정한다"는 문구가 너무 크게 와 닿습니다. 세상을 변화시키는 힘은 바로 '질문'에서 나옵니다. 창의력도, 창조성도, 모두 첫 단추는 바로 '질문'입니다. 이 질문을 잘 하기 위해서는 질문을 할 수 있는 사회적 분위기도 중요하지만, 질문하는 습관 그리고 궁금증을 토대로 합리적 의심이라는 요소가 반드시 필요합니다.

어렸을 때부터 친구들과 상호 토론하고, 질문하고, 답하고, 궁금증에 대한 질의 응답을 통해 이 궁금증을 해소하는 그런 교육이 전혀 없는 상황에서 질문의 힘을 말하는 것은 다소 앞뒤가 안 맞을 수 있습니다. 그러나 질문은 매우 중요합니다. 수백 번 강조해도 됩니다. 피터 드러커는 이런 말을 했습니다. "과거의 리더는 말하는 리더였지만, 미래의 리더는 질문하는 리더가 될 것이다"라고. 아인슈타인은 또 이렇게 말했습니다. "가장 중요한 것은 질문을 멈추지 않는 것"이라고.

그 어느 유명 인사의 어록을 꺼내지 않아도 이 질문의 힘은 대단합니다. 질문의 힘을 키우기 위해서는 더 면밀히 관찰을 해야 합니다. 단순히 보고, 가벼이 훑어지나 가면서 느끼고, 건성건성으로 읽으면, 질문을 할 수 없습니다. 그러니 더 면밀히, 더 관심을 갖고 들여다 봐야 합니다. 시인 나태주의 시(詩) '풀꽃'에서 노래했던 것처럼 "자세히 보아야 예쁘다. 오래 보아야 사랑스럽다. 너도 그렇다"라고 했던 것처럼 더 자세히 봐야 하고, 더 오래 봐야 합니다. 그래야 질문할 수 있는 힘이 생기고, 질문할 수 있게 됩니다.

아이들은 꾸준히 질문을 합니다. 이 때는 질문할 수 있는 힘이 막강, 최고입니다. 그러나 한 살, 두 살 나이가 들어가면서 이 질문할 수 있는 힘은 최저로 떨어집니다. 아마도 우리나라 교육의 문제일 겁니다. 이런 이유로 아이들에게 더 많이 질문할 수 있는 환경을 만들어줘야 합니다. 단순히 공식을 외우게 할 게 아니라, 왜 그런 공식이 나왔는지 원리를 더 깊게 파악할 수 있는 기회를 줘야 합니다. 이렇게 질문을 할 수 있는 아이는 나이가 들어 창조적 습관을 충분히 몸으로 배울 수 있고, 결국 자신의 진로를 결정할 때, 그동안 자신의 질문을 종합적, 체계적으로 묶어서 자신의 길을 결정합니다. 부모가 좋다고 하는 소위 의사, 변호사 등의 직업을 선택하는 게 아니라, 자신이 그동안 던졌던 수많은 질문을 통해 자신이 정말 하고 싶은 최선의 선택을 하게 해야 합니다. 당연히 이런 아이들은 크리에이티브 클래스로 갈 수밖에 없습니다.

〈질문의 7가지 힘〉이라는 책을 썼던 저자 도로시 리즈(Doorothy Leeds)는 자신의 저서에 "질문의 힘을 이용한다면 스스로 인생을 주관하고 어떤 길을 택할지 결정할 수 있다"고 말합니다. 질문을 통해 생각할 수 있고, 질문을 던지고 받는 과정을 통해 상대방이 원하는 것을 알 수 있게 돼 더 원활한 커뮤니케이션 능력을 갖출 수 있다고도 말합니다. 또 질문이 본인은 물론 타인의 생각을 자극해 세상에 새로운 아이디어를 쏟아낼 수 있는 기폭제 역할을 하기도 한다고 말합니다. 이렇게 중요한 질문에 있어 핵심은 바로 "상상력을 자극할 수 있는 질문인가?"와 "자극할 수 없는 질문이냐?"로 나뉩니다. 감히 상상력을 자극할 수 있는 질문을 던지는 습관을 계속 길러야 한다고 말합니다. 그 어떤 질문도 바보 같을 수 없습니다. 모든 질문에는 나름대로의 가치가 있습니다. 다만 질문을 할 때 최고의 가치를 '상상력'을 자극할 수 있느냐에 둔다면, 질문이 제대로 된 힘을 발휘할 수 있습니다. 이런 연습과 습관을 통해 한 발자국 더 크리에이티브 클래스로 나아갈 수 있게 됩니다.

2019년 수학능력평가시험에서 어려운 가정 형편을 딛고 수능 만점을 받은 경남 김해외고 송영준 군. 송 군에 대해 이 학교의 교장선생님은 이런 말씀을 하십니다. "가정 형편상 사교육 같은 건 전혀 하지 못했고, 다만 수업시간에 이해가 될 때까지 선생님에게 질문을 한 질문 왕이었던 게 큰 특징 중 하나였다". 이어령 교수님. 이 분이 국내에 도입한 것으로 유명한 인테러뱅(Interrobang)이라는 기호 '‽'. 미국의 한 광고회사가 수사학적 질문을 나타내기 위해 고안한 부호라는데, 이어령 교수님이 '생각하는 물음표(호기심)와 행동하는 느낌표(놀라움)가 합쳐진 창조적 지성의 물음느낌표'라고 소개하셨습니다. 예. 궁금증이 생기면 질문을 해야 하고, 그 질문을 통해 답을 구해 ?가 !로 마무리 져야 합니다. 질문은 우리를 수십 수백 단계 높여놓을 수 있습니다.

쇼핑하고 물건 사면서
독창적 소비로 창의성 길러 보기

❝
개인이 연결성을 확보해 유통까지
할 수 있는 기반이 갖춰졌기 때문에
공방 창업가와 같이 '생산자'에
가까운 의 시대가 도래했다.

연세대 경영학과 교수 **장대련**

하루 24시간 중 잠자는 시간을 제외하고, 제일 많이 하는 활동이 바로 '소비활동'일 겁니다. 어렵게 말해 소비활동이지, 쉽게 말하면 돈을 지불하고 뭔가를 사는 것을 말합니다. 출, 퇴근 때 전철, 버스를 이용하는 것도 소비활동입니다. 대중교통 서비스를 구매하는 것일 테니까요. 커피를 사먹고, 중간 중간 간식을 사먹는 것도 그렇습니다. 점심, 저녁 식사도 크고 작은 소비활동 중 하나입니다. 주말에 아이들과 놀이공원에 가고, 영화관을 가고, 미술관에 가고. 이 모든 것이 소비활동입니다. 그러니 우리 일상 생활 중 가장 많은 시간이 소비활동에 할애되고 있다고 해도 과언은 아닐 겁니다. 그러나 우리는 이렇게 많은 시간을 소비활동에 쏟아 부으면서, 그냥 그럭저럭 이 많은 시간을 허투루 사용하고 있습니다.

적당한 것을 고르고, 남들이 좋다고 하는 것을 아무런 고민 없이 선택할 뿐입니다. 그러나 이 소비활동에 뭔가 창의적, 창조적 콘셉트를 부과하면, 굉장히 훌륭한 창의적 습관이 길러질 수 있고, 또 이를 통해 향후 크리에이티브 클래스로 갈 수 있는 기초를 다질 수 있다는 것을 감히 장담합니다. 성인이 되면 생기는 소비 로망 중 하나가 바로 근사한 차(車) 한 대를 사는 것 일겁니다. 요즘에야 '공유'(Sharing)가 보편화 돼 있거나 '구독'(subscription) 개념으로 인해 많은 분들이 직접 자동차를 구매하지는 않습니다. 그래도 아직까지 차량은 재산에 포함됩니다. 당연히 매우 중요한 소비 중 하나입니다. 그런데 웃긴 게 하나 있습니다. 아마 우리나라, 대한민국의 특징이기도 합니다만, 대부분의 성인이 선택하는 차량의 색깔이 흰색, 검정색, 회색 등이라는 겁니다. 남들이 다 흰색, 검정색, 회색이니 무난하게 이런 컬러를 선택하는 것일 겁니다. 통계치가 이를 보여줍니다. 비단 우리나라의 얘기는 아닙니다.

글로벌 자동차 페인트 기업인 엑솔타가 발표한 2016 자동차 인기 색상 보고서에 따르면, 글로벌시장에서 가장 인기 있는 색상은 흰색(37%), 검정(18%), 회색(11%) 순이었다고 합니다. 우리나라의 경우 2016년에 판매된 차량의 33%가 흰색, 19%가 회색, 16%가 검정색, 12%가 은색이었다고 합니다. 안타까운 부분입니다. 빨간색이나 파란색, 심지어 코발트색, 와인색의 차량도 있지만 도로에서 보기가 쉽지 않습니다. 이런 색의 차량을 운전하는 분들을 보면, 괜히 이 운전자들은 뭔가 특별한 게 있지 않을까 생각이 들기도 합니다. 최근에는 이런 성향, 즉 독특한 컬러의 차량을 선택하는 분들이 많이 늘었다고 합니다. 애시드 옐로 뿐만 아니라 유채색 계열의 펄스 레드, 블루 라군, 탠저린 코맷 등과 무채색 계열의 팬텀 블랙, 초크 화이트, 레이크

창조적 소비 습관을 기르다 보면,
궁극적으로 하루 하루의 소비활동을 통해
크리에이티브 클래스로 갈 수 있는
작은 보물을 건질 수 있게 될 것입니다

실버 등 색(色)이 엄청 다양해졌습니다. 지난 2016년 파란색을 선택한 비율은 8%로 2013년 4%에 비해 3년 만에 2배로 증가했답니다. 빨간색도 2015년보다 선호도가 1%포인트 증가해 전체의 7%에 달한다고 합니다. 아주 긍정적인 신호가 아닐 수 없습니다. 사람들이 점점 더 창조적으로 변하고 있다는 것을 보여준다고 할 수 있기 때문입니다. 너무 비약적이라고 말할 수도 있습니다만, 분명한 것은 색을 소비하는 소비 패턴이 과거에 비해 훨씬 다양해졌다는 것, 그러니 사람들이 훨씬 개성적으로 변하고 있다는 것입니다. 이는 곧 더 많은 사람들이 개성과 다양성의 가치를 높게 사는 창조적 가치를 받아들이고 있다는 것을 의미합니다.

여하튼 차량을 선택할 때, 이렇게 다양한 색으로 가족들의 시각을 자극할 수 있는 소비활동, 구매활동을 하는 것, 이것은 굉장히 좋은 창의적 습관이 될 수 있습니다. 별거 아니지만, 아마 차량을 구매하고 평균적으로 10년을 타고 다닌다면, 10년간 창의적 습관에 있어서 큰 변화가 있을 겁니다. 단순히 검정, 흰색, 은색의 천편일률적인 색의 상품보다는 창의적입니다. 차량 색 외에도 디자인을 선택할 때도 단순한 디자인보다는 어디 한 부분이라도 독특한 컨셉트를 자랑하는 차량을 선택하면 창조적 습관을 기르는데 한발자국 더 다가갈 수 있다고 말씀 드리고 싶습니다. 가령 현대차의 '벨로스터'라는 차량에 대해 말씀드리고 싶습니다. 이 차량은 운전석 뒷문이 없습니다. 조수석 쪽에는 일반 차량과 같이 앞 쪽과 뒤 쪽에 문이 있습니다만, 운전석 뒤

쪽에는 문이 없습니다. 일반적으로 운전석 뒤로 내리는 경우가 거의 없기 때문에 이런 설계가 가능하게 됐습니다. 소비자들의 평소 차량 문 이용 행태를 고스란히 디자인에 반영해 운전석 뒷문을 과감히 없애버린 것입니다. 이 벨로스터라는 차량이 시장에서 크게 흥행하지는 못했습니다. 그러나 이런 차량을 구매한 구매자들은 일단 창조적 습관에 있어서 탁월한 선택을 했다고 할 수 있습니다. 이 차량 구매자 분에게 아이들이 있다면, 그 아이들은 멀지 않은 미래에 남들과 다른 창조적 습관을 배울 수 있는 절호의 기회를 잡을 수 있었을 겁니다. 남들은 다 똑같은 색의, 다 비슷한 디자인의 차량을 타고 다니는데, 우리 집 차는 뒷문 한 쪽이 없어 고정관념을 깨는 차량이라면, 이들은 이 차량 디자이너의 창조적 DNA를 고스란히 배울 수 있었다는 것을 말합니다.

일본의 닛산의 차량 중 한 때 가수 이효리 차량으로 불렸던 '큐브'라는 차량도 그렇습니다. 이 차량은 일반적으로 후미가 반듯반듯한 사각형의 유리로 돼 있다는 고정관념에서 벗어나 비대칭, 언밸런스(Unbalance)한 뒤태를 자랑합니다. 소위 고정관념에서의 탈피일 수 있습니다. 처음 볼 때 이런 비대칭은 불편함을 초래할 수 있습니다. 그러나 시간이 지나면, 이 불편함은 유니크함, 독특함, 창조적, 모방 불가한 등의 가치를 수반하게 됩니다. 바로 창조적 습관을 가질 수 있게 된다는 것입니다. 수 많은 소비활동, 구매활동 중에서 대표적으로 차량 구매에 대한 예를 들었습니다. 어차피 수천만 원의 거금을 들여 차를 구매하는 것인데, 누구나 타고 다니는 차량을 구매하는 것보다 뭔가 창조적, 창의적 코드를 갖고 있는 차량을 구매하면, 구매자 본인은 물론 구매자의 가족들에게까지도 바로 크리에이티브 클래스로 감히 접근할 수 있는 티켓을 구매했다고 할 수 있습니다.

자동차에만 국한되는 부분이 아닙니다. 한 번 생각해 보십시오. 간단히 대형마트에 가서 우유를 살 때도, 단순 사각 용기에 들어가 있는 우유가 아닌, 좀 더 독특하고, 새로워 보이는 용기에 들어가 있는 우유를 사보는 겁니다. 어차피 우유가 거기서 거기 아니겠습니까? 빵을 사 먹어도, 과자를, 초콜릿을, 사탕을 사 먹어도 단순한 것이 아닌, 기존 고정관념에 박혀 있는 것이 아닌 새로운 포장에, 독특한 용기에 들어가 있는 것을 사보십시오. 그런 창조적 소비 습관을 기르다 보면, 궁극적으로 하루 하루의 소비활동을 통해 크리에이티브 클래스로 갈 수 있는 작은 보물을 건질 수 있게 될 것입니다. 최근에는 이런 경향, 즉 창조적 소비가 더욱 강하게 부각되고 있습니다. 어렵게 말해 프로슈머(Prosumer), 즉 생산자(Producer)와 소비자(Consumer)의 합성어인 프로슈머에서 한 발자국 더 나아가 제품개발, 유통과정 등에 참여하는 '창조적 소비자'인 '크리슈머(Creative+Consumer)'로까지 확대됐다는 겁니다.

장대련 연세대 경영학과 교수는 한 언론과의 인터뷰에서 "개인이 연결성을 확보해 유통까지 할 수 있는 기반이 갖춰졌기 때문에 공방 창업가와 같이 '생산자'에 가까운 크리슈머의 시대가 도래했다"고 진단

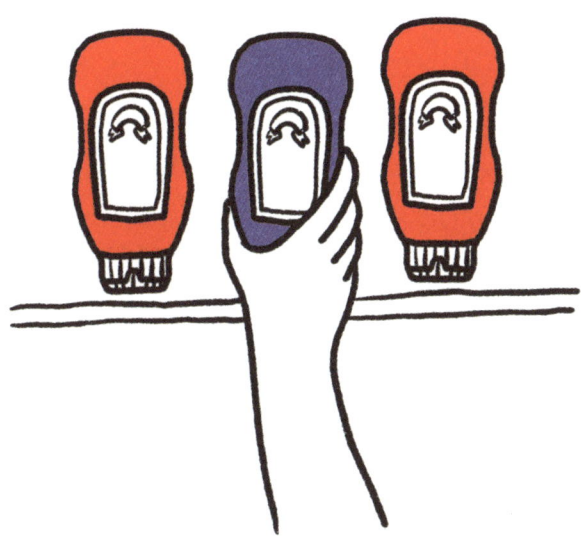

하기도 합니다. 또 요즘 MZ세대(밀레니얼+Z세대)의 경우는 '나다움'을 추구하는 창의적 소비를 합니다. 과거 세대에 비해 훨씬 창의적 모습을 보여준다고 할 수 있습니다. '본인 다움', '나다움'을 추구하는 개념 있는 소비를 통해 나의 창의적 습관을 길러 나간다고 할 수 있습니다.

수십 원짜리 제품 하나부터 시작해 수백, 수천 만원 하는 고가의 제품까지 하루에 수십에서 수백 번씩 일어나는 소비 과정에 있어서 창조적 습관을 길러 보십시오. 뭔가 특이하고, 창의적 코드가 녹아 있는 제품을 구매해 보십시오. 그런 제품을 멀리서 찾을 필요도 없습니다. 최근에는 거꾸로 우산이라는 게 인기라고 합니다. 일반적으로 우산을 쓰고 펼칠 때 바깥으로 우산이 펼쳐지는데, 이 제품은 거꾸로 안 쪽으로 펼쳐진다고 합니다. 당연히 우산 겉 면에 묻어 있는 빗물이 우산을 접을 때 자연스럽게 우산 안쪽으로 접혀진다고 합니다. 아이디어 상품인데, 이 제품 인기가 꽤 있다고 합니다. 이런 제품을 사용하면 충분히 창의적, 창조적 인물이 될 수 있는 작은 소비를 한 셈입니다.

요즘엔 젊은 분들 사이 창의적 소비로 '제로 웨이스트'(Zero-Waste) 운동을 하시는 분들도 있답니다. 제로 웨이스트는 일회용품 사용을 최소화하는 등의 방식으로 쓰레기 배출량을 '0'에 가깝게 하자는 운동을 말합니다. 텀블러를 갖고 가 음료를 사 오거나 포장 용기를 갖고 가 음식을 사 담아 오는 행위죠. 분명 이런 소비 방식도 창의적이라고 할 수 있습니다. 그것도 온난화로 몸살을 앓고 있는 지구와 공감하고 지구를 배려하는 창의적 소비 방식인 셈이죠. 결국 이런 작은 소비로 인해 크리에이티브 클래스로 가는 또 하나의 지름길이 열리게 될 것입니다.

한 마케팅 전문가의 말에 끌립니다. 이 분의 말씀은 "이젠 소비도 단순한 소유를 넘어 자신을 표현하는 수단이기에 브랜드가 가진 생각과 방식을 진정성 있게 전달해야만 지속가능한 브랜드로 사랑 받을 수 있을 것"이라고 말합니다. 핵심은 바로 창조적 코드입니다.

실제 창업(?), 가상 창업(!)
창업으로 창의성 끌어올리기

❝
사람들은 창의성 하면 순간적으로
뭔가 툭 떠오르는 것이라고 생각하는데
그렇지 않아요. 예를 들면 미켈란젤로가
천장 벽에 '천지창조'를 그릴 때 하루 만에
그린 게 아니거든요. 몇 백일 동안 천장에
매달려서 완성한 작품이란 말이에요.
그런 게 바로 진짜 창의성이지 않나 싶어요.
꾸준하게 그것을 생각하고 반복하다
만들어 내는 것이에요.

배달의 민족을 운영하는 우아한 형제 CEO **김봉진**

'창업'. 누구나 한 번쯤 꿈꿉니다. 최근에는 스타트업이라고 해서 많은 젊은 분들이 창업을 하려고 합니다. 무엇보다 직장을 다니시는 분들 중 상당수가 '퇴사'를 준비하고 있다고 합니다. 그래서 그런지 더욱 이 창업에 대한 관심이 커지고 있습니다. 어떤 분들은 푸드 트럭을 하겠다고 합니다. TV 프로그램 중에는 유명 요리사가 나와 젊은 분들의 푸드 트럭 창업에 조언을 해주기도 합니다. 또 어떤 분들은 자신이 평소 갈고 닦은 기술력을 바탕으로 뭔가 새로운 제품을 만들어 보려는 시도를 하기도 합니다. 또 편의점을 열거나, 통닭집, 삼겹살집을 새로 오픈하겠다고 하는 분들도 있습니다. 스마트 폰에 어플리케이션을 만들어 보겠다고 공부를 하는 분도 봤습니다. 해외에서 뭔가를 수입해 국내에 유통해 보겠다고 하는 분들도 봤습니다. 이런 분들 모두, 각자의 번뜩이는 아이디어로 뭔가를 새로이 해보겠다고 합니다.

다만 이렇게 창업을 할 때도 뭔가 창의적 코드가 있어야 합니다. 창업과 창의성이라는 단어는 '創'이라는 한자어로 연결됩니다. 그래서 '창업 놀이' 혹은 '창업으로 실패하기'라는 것을 감히 제안해 봅니다. 놀이는 실패를 해도 대가를 치를 필요가 없습니다. 실패해도 됩니다. 오히려 실패를 권장합니다. 실패를 통해 배울 수 있는 게 훨씬 많기 때문입니다. 연습이라면, 가상이라면, 과감하게 실패하는 게 좋기도 합니다. 모의 고사, 모의 투자에 책임이 뒤 따르지는 않습니다. 요식업을 할 때, 실제 자본금을 투자해 임대를 하고, 집기를 들이고, 원재료를 사들여 창업을 시작합니다. 그러나 준비 없이, 시뮬레이션을 돌려보지 않은 상황에서 덜컥 창업을 할 경우 실패할 가능성은 그만큼 높아집니다. 실제 창업을 했다가 실패를 하면 그 리스크, 즉 초기 자본 투자금에 대한 위험은 고스란히 창업자가 떠안아야 합니다. 이에 반해 창업 놀이는 다릅니다. 말이 놀이지, 조금 어렵게 말하면 시뮬레이션 쯤 될 겁니다. 삼겹살 집을 한다고 가정해 보겠습니다.

삼겹살 집의 핵심 재료인 삼겹살은 국내산으로 할 것인지, 멕시코 혹은 프랑스 산으로 할 것인지 결정을 해야 합니다. 간단히 대형마트 코너를 들려 국내산과 멕시코, 프랑스 산을 사서 불 판 위에서 구워 먹어보는 것도 방법입니다. 손님상에 나가는 반찬은 몇 가지로 할 것인지, 김치는 국산으로 할 것인지, 흔히 쓰고 있는 중국산으로 할 것인지, 계란 찜 서비스를 줄 것인지 말 것인지, 가스 불에 불 판을 올려 고기를 구워 줄 것인지 아니면 숯불 위에 구워 먹을 수 있게 할 것인지. 가상적으로 돌려봐야 할 부분이 한두 가지가 아닐 겁니다. 이런 식으로 창업 놀이를 해보는 겁니다. 여기에 소위 장사가 잘 된다는 삼겹살 집을 방문해 그 집이 장사가 잘 되는 이유가 뭔지 스터디도 해보는 겁

니다. 이를 토대로 삼겹살집 창업 놀이를 해보는 겁니다. 안 되는 집은 왜 안 되고, 잘 되는 집은 무엇 때문에 잘 되는지 꼼꼼히 살피고, 기록해 둔 뒤 만약 나중에 본인이 삼겹살집을 할 때는 어떻게 하겠다는 나름대로의 전략을 구상해 놓는 겁니다. 이게 바로 창의성 코드이고, 창의성 습관일 수 있습니다. 다른 삼겹살집의 장점은 받아들이되 창업 놀이를 하는 과정에서 철저히 내가 할 수 있는 삼겹살집의 단점을 뽑아내 제거하는 겁니다. 이런 창업 놀이를 하다 보면 돈 한 푼 들이지 않고, 창업을 할 수 있습니다. 가상의 창업이기는 합니다만, 큰 문제

없이 창업을 할 수 있는 셈입니다. 물론 구상을 한 것과 실제 현실은 완전히 다를 수 있습니다. 그러나 꼼꼼히 챙겨보다 보면 현실에 맞출 수 있는 본인만의 창의적 DNA가 서서히 쌓일 수 있을 겁니다.

일본의 '미래식당'이라는 곳을 소개해 볼까 합니다. 이 식당의 창의적 방법은 참 좋은 비즈니스 모델이 될 수 있을 듯합니다. 도쿄(東京) 헌책방 거리인 진보초(神保町)에 위치한 12석 규모의 작은 식당인 미래식당. 이 식당에서는 누구나 50분을 아르바이트로 일하면 한 끼 식사를 무료로 먹을 수 있다고 합니다. 일명 '한 끼 알바'라 불린다고 합니다. 이 가게의 종업원 겸 주인은 일본 IBM과 레시피 검색 사이트 쿡패드 등에서 엔지니어로 일했던 고바야시 세카이 씨입니다. 그녀의 창의적 아이디어에서 출발한 이 미래식당은 이미 일본은 물론 국내에서도 인기를 끌고 있습니다. 특히 아르바이트 한 시간을 한 뒤 받은 한 끼 식권을 벽에 붙여 놓으면, 한 끼 식사를 기부하는 셈이 됩니다. 누구나 벽에 붙어 있는 이 식권을 떼어내 먹을 수 있습니다. 정말 창의적 아이디어 아닙니까? 상생할 수 있는 기부시스템을 갖춘 맛집. 서로 서로 돕고, 서로서로 보듬을 수 있는 참 따뜻한 식당. 또 미래식당에는 음료 반입이 공짜라고 합니다. 대신 가지고 온 음료의 절반은 가게에 두고 가야 하고, 이 음료 역시 가게에 온 다른 사람이 마실 수 있다고 합니다. 우와 정말 이 가게 주인은 창의적입니다.

이런 창의적 창업 스토리를 통해 나만의 창업 놀이를 할 수 있고, 이런 반복적인 과정을 통해 창의적 습관이 길러질 수 있습니다.

이런 창업 놀이를 하다 보면
돈 한 푼 들이지 않고, 창업을 할 수 있습니다.
가상의 창업이기는 합니다만,
큰 문제 없이 창업을 할 수 있는 셈입니다.

지속적으로 반복된 식당 창업은 물론 발명품 혹은 유통을 위한 창의적 아이디어를 고민하다 보면 이 창의적 습관이 쌓이고 쌓여 결국 크리에이티브 클래스로 갈 수 있는 가장 빠른 길이 될 수 있습니다.

최근 뜨고 있는 공유형 숙박 시스템인 에어비앤비나 공유형 택시인 우버택시, 음식 배달업으로 기업 가치를 극대화 시킨 배달의민족 등과 같은 창업도 전혀 불가능한 것은 아닙니다. 무작정 준비도 없이 뛰어들 게 아니라 창업 놀이를 꾸준히 반복해 보십시오. 결국 그런 창의적 기업을 만들어 낼 수 있는 근간이 될 겁니다. 다른 성공한 창업 아이템을 스터디 해보고, 그 핵심을 뽑아낸 뒤 나만의 창의적 창업 코드를 뽑아보는 것도 방법입니다. 일례로 최근 뜨고 있는 '당근마켓'이나 '중고나라' 등의 성공 스토리를 꼼꼼히 스터디 해보는 겁니다. 그럼 그 속에 숨어 있는 코드들을 켜켜이 내 것으로 만들 수 있습니다. 배달의 민족도 비슷합니다.

배달의 민족을 운영하는 우아한 형제. 이 회사를 창업한 김봉진 씨는 한 여성 월간지와의 인터뷰에서 이런 말을 합니다. "사람들은 창의성 하면 순간적으로 뭔가 툭 떠오르는 것이라고 생각하는데 그렇지 않아요. 예를 들면 미켈란젤로가 천장 벽에 '천지창조'를 그릴 때 하루만에 그린 게 아니거든요. 몇 백일 동안 천장에 매달려서 완성한 작품이란 말이에요. 그런 게 바로 진짜 창의성이지 않나 싶어요. 꾸준하게 그것을 생각하고 반복하다 만들어 내는 것이에요. 우아한 형제들의 '경희야 넌 먹을 때가 제일 예뻐'같은 카피도 훈련의 결과물이고요.

2012년부터 매달 잡지를 하나씩 상정해서 광고 카피를 써나갔어요. 아마 〈여성중앙〉에 나갔던 카피가 '경희야 넌 먹을 때가 제일 예뻐'였던 것 같은데 그때 반응이 굉장히 좋았어요. 그런 식으로 훈련을 통해 광고의 정체성과 성격을 하나씩 만들어가고 있는데 과거 광고주의 입맛에 맞춰서 그때그때 아이디어를 짜내던 것보다 훨씬 재미있어요."

'훈련'. 결국 습관입니다. 창의적 습관이. 그래서 매일 매일 창의적이려고 노력하는, 창조적으로 고민하는 습관이 결국 크리에이티브 클래스로 가는 급행열차 티켓일 수 있습니다.

언택트 서핑(Surfing)
인터넷 서핑으로 창의성 영끌 하기

다른 성격의 예술 작품을 만드는
중간중간에 내 아이들이 이를 닦는
짧은 시간에 그리고 저녁 시간에
재미도 없는 TV를 보는 대신,
한 장의 종이 위에 (상상)의 날개를 펼친다.

덴마크 그래픽 아티스트 **후스크밋나운**

코로나19로 인해 2020년이 송두리째 사라져 버렸습니다. 사람들은 움직이지 않고 미술관에는 코빼기도 비추지 않습니다. 사회적 혹은 물리적 거리 두기 때문에 미술관, 전시관 등도 셧 다운을 했습니다. 코로나19로 문을 닫은 프랑스 파리의 루브르 박물관이 폐관 100여 일 만에 2020년 7월 초 재개장을 했습니다. 여전히 30분에 500명으로 관람객을 제한하기는 했습니다. 미술관, 박물관에 가 직접 거장들의 작품을 눈으로 확인하는 방법은 창의성을 기르는 아주 좋은 습관 중 하나 입니다. 좋은 작품들은 두뇌에 자극을 주는 좋은 식량일 수 있기 때문입니다. 그러나 이를 간접적으로 경험하는 방법이 있습니다. 바로 '서핑'입니다.

인터넷 혹은 모바일 서핑이 인간의 정신을 피폐시킨다고 말씀하실 수도 있습니다. 그러나 서핑의 방법을 과거의 서핑 방법과 달리 하면, 창의성이라는 거인의 어깨 위에서 세상을 바라볼 수 있는 눈을 얻을 수 있습니다. 해변가 파도타기인 서핑과 같이 다소 모험정신을 갖고, 평소에 경험해 보지 못한 파도를 향해 도전을 하며 서핑을 해 보자는 겁니다. '같음'에서는 '같음'이, '다름'에서는 '다름'이 나오는 건 뻔한 이치입니다. 그러니 '다른 서핑'을 해 보자는 겁니다. 과거와 항상 '같은' 서핑을 하지 말자는 겁니다.

 인터넷은 보물섬과 같습니다. 세상의 모든 지식이 담겨 있고, 세상의 모든 경험이 간접적이기는 하지만 축적돼 곳곳에 오롯이 숨겨져 있습니다. 이런 숨겨진 보물을 인터넷 서핑을 통해 찾아 보기 위해서는 넘어야 할 쓰레기 더미들이 많습니다. 보물섬은 쉽게 그 진가를 보여주지 않고, 그 수많은 쓰레기섬 사이사이에 꼭꼭 숨어 있기 때문입니다. 흔히 서핑을 할 때 우리는 습관적으로 뉴스를 봅니다. 연령대에 따라, 출신에 따라, 취미나 기호에 따라, 관심사에 따라 손가락 끝으로 스마트폰을 움직여 뉴스를 봅니다. 뉴스가 쓰레기라는 말은 절대 아닙니다. 양질의 뉴스는 버려두고 오직 흥미, 가십, 화제 위주로 뉴스를 소비하며 시간을 보내기 때문에 뉴스 소비의 문제가 발생합니다.

 흔히 우리나라 분들은 네이버 혹은 다음 등 포털 사이트를 유령처럼 돌아다닙니다. 또 어떤 분들은 신변잡기식 연예인 뉴스에만 집중하기도 합니다. 정치뉴스나 사회뉴스, 경제뉴스를 보기도 합니다. 뉴스를 보는 것이 잘못됐거나 좋지 않은 습관이라는 점을 말씀 드리는 게 아닙니다. 일정 시간은 그래도 우리 사회가 돌아가는 시스템을 이해하기 위해 각종 뉴스를 따라잡아야 합니다. 문제는 너무 많이, 너무 잡다한, 너무 쓸모 없는, 너무 지엽적인 뉴스를 소비하는 시간이 많다는 겁니다. 이 기준이야 다 다를 수 있겠지만, 요즘 우리나라 분들은

해변가 파도타기인 서핑과 같이
다소 모험정신을 갖고,
평소에 경험해 보지 못한 파도를 향해
도전을 하며 서핑을 해 보자는 겁니다.

과도하게 이런 부분에 빠져 있습니다.

    일정 시간 뉴스를 보되, 그런 시간을 줄이고 좀 더 창의적인 서핑을 하면, '나'의 창조적, 창의적 습관을 높일 수 있습니다. 일례로 눈길을 끄는, 평소와 다른 시선을 갖고 있는 작가를 찾아보고, 그의 창의적 시선을 서핑을 간접 경험해 보는 겁니다. 독특한 감각으로 사물을 렌즈에 담는 창의적 사진작가의 홈페이지를 직접 방문해 그의 창조성 코드를 한 수 배우고 오는 서핑도 훌륭합니다.

    앞서 언급한 루브르 박물관도 충분히 온라인으로 언택트한 서핑을 통해 구경할 수 있습니다. 세계에서 가장 앞서가는 디자인 철학을 갖고 있다고 하는 가구 업체의 홈페이지를 방문해 그 가구 업체의 디자인 감각을 스마트폰의 빠른 데이터 통신망에 의존해 경험해 보고 오는 겁니다. 일례로 이케아(www.ikea.com)라는 가구 업체의 홈페이지를 방문해 최근 어떤 가구들이 전면에 배치되는지 살펴보고, 전 세계 이케아라는 가구가 들어가 있는 곳의 홈페이지를 각각 방문하면서 각 나라의 디자인 선호 사항은 뭔지도 살펴보는 겁니다.

    또 유명 엘리트 사진 그룹 매그넘의 회원인 로버트 카파나 앙리 카르티에 브레송, 데이비드 시무어, 조지 로저 등 세계적 유명 사진 작가의 사진을 고스란히 감상할 수 있는 홈페이지(https://pro.magnumphotos.com)를 방문해 간접적으로나마 이들의 창의적 시선과 색다르고 낯설게 세상 바라보기 방식을 경험해 보는 게 훨씬 창의적 서핑이 될 수 있습니다. 제가 좋아라 하는 화가인 르네 마그리트(René

Magritte)의 작품을 온라인 상으로 볼 수 있는 사이트인 르네마그리트 재단 홈페이지(www.renemagritte.org)를 서핑해 르네 마그리트의 그림 세계에 푹 빠져보면서 이 분의 창의적 마인드, 창조적 화법을 눈과 뇌로 경험해 보는 것도 좋은 창조적 습관이 될 수 있습니다. 혹평하고 싶지는 않지만, 국내에서 르네 마그리트 진품 그림 한 점 없이 진행하는

전시회를 1만원 안팎의 입장료를 내고 감상하는 것보다 큰 화면의 PC에서 르네 마그리트 그림을 검색해 찾아 보는 것이 훨씬 좋은 효과를 볼 수 있습니다. 또 살바도르 달리라는 화가의 그림을 눈으로라도 경험할 수 있는 홈페이지(www.salvador-dali.org)를 들어가 희한하고, 창의적인 시선을 경험해 볼 수도 있습니다. 비록 직접 눈으로 보고, 손으로 만져 보며 다양한 감정을 느껴볼 수야 없겠지만, 이 정도 거장들의 작품을 서핑을 통해 볼 수 있다는 것은 아주 창조적 습관이 될 수 있습니다.

여기에 거장들은 아니더라도 인터넷 서핑을 통해 수많은 창조적, 창의적 인물들을 만나볼 수 있습니다. 프랑스의 일러스트레이터 겸 화가인 아나스타샤 엘리아스(Anastassia Elias)라는 분을 아십니까? 이 여성 작가분은 우리나라 언론에 2011년 소개됐습니다만, 이후 간헐적으로 언론을 통해 작품이 소개되기도 했습니다. 일명 '휴지심의 재발견'이라는 것으로 유명합니다. 굉장히 세심한 관찰력과 소소한 재발견을 통해 별 관심 없어 보이는 사물을 관심의 대상으로 끌어올렸다고 할 수 있는데, 이분의 작품 세계 역시 간단한 서핑을 통해 홈페이지(www.anastassia-elias.com)를 가면, 뭔가 창의적인 기(氣)를 받을 수 있습니다. 이외에도 수도 없이 많습니다. 창의적 서핑은 무궁무진합니다.

부지런히 인터넷 서핑을 하면 리치 맥코어(Rich Mccor)라는 페이퍼 아티스트의 창의력 넘치는 작품을 발견할 수도 있습니다. 리치 맥코어와 비슷하지만, 좀 더 재미있는 또 다른 페이퍼 아티스트도 만날 수 있습니다. 덴마크 그래픽 아티스트로 가명인 후스크밋나운(HuskMitNavn/한국어 의미는 내 이름을 기억해 주세요) 씨의 흥미로운 작업도 인터넷 서핑을 통해 충분히 볼 수 있습니다. 이미 국내에는 〈종이인간〉이라는 책으로 소개가 된 바 있습니다. 이 작가의 작품은 단순히 종이를 구기고, 찢고, 말아서 그 위에 그림을 그려 입체감을 도드라지게 합니다. 이렇게 간단한 작업을 통해 구겨진 종이는 파도가 될 때도, 계단이 될 때도 천이 되거나 별이 되거나 구름이 됩니다. 최근 본 종이 예술가 중 최고의 창의성을 발휘한 분이었습니다. 이 분은 자신의 책 〈종이인간〉에 "다른 성격의 예술 작품을 만드는 중간중간에 내 아이들이 이를 닦는 짧은 시간에 그리고 저녁 시간에 재미도 없는 TV를 보는 대신, 한 장의 종이 위에 상상의 날개를 펼친다"고 말했습니다. 이 분의 작업은 홈페이지(www.huskmitnavn.dk)에서 더 많이 확인할 수 있습니다.

　서핑 보드에 올라타 몸을 맡기고, 파도가 치면 파도가 치는 대로, 잔 물결이 오면 잔 물결이 오는 대로 서핑을 하지 말아야 합니다. 내가 좋아하는, 꽤 파고가 높아 보이는 파도가 있는 곳까지 손을 뻗어 나아가는 '패들링'(paddling)을 직극적으로 해야 합니다. 패들링이 힘들 수 있겠지만 노력을 하다 보면 '다름의 가치'를 발견할 수 있습니다. 인터넷 서핑만으로도 최고의 창조, 창의성 가치를 배울 수 있다는 얘기입니다. 수많은 패들링을 통해 창의성으로 똘똘 뭉친 크리에이터를 보고, 그들과 간접적으로 대화를 나누고, 그들의 창의적, 창조적 DNA

를 경험하다 보면 서서히 창조적 습관이 길러질 수 있습니다.

이 창조적 습관은 결국 크리에이티브 클래스로 갈 수 있는 가장 빠른 길이 될 것입니다. 하루 몇 시간씩 머리에 쓸모 없는 것들을 넣으려 하지 마십시오. 오히려 적극적인 인터넷 서핑을 통해 여러분이 찾으려는, 여러분이 관심을 갖고 싶어하는, 또 충분히 창의적으로 할 수 있는 콘텐츠를 찾아 들어가 보십시오.

창의성 습관이 길러질 겁니다.

책을 마치며

어쭙잖게 책 한 권을 마쳤습니다. 제 기분은 좋습니다만, 한 권으로는 또 다른 말 무덤을, 글 테러를 한 것은 아닌가 걱정이 될 뿐입니다. 책을 쓰려는 목적은 오직 하나였습니다. 이 우주에 잠시 들렀다 가는 먼지같은 존재인데, 미래 세대들에게 조금이나마 도움을 주고 싶었습니다. 조언이나 훈수라고 표현하면 너무 꼰대스럽고, 가이드라인이라고 하면 뭔가 훈육적이라 생각이 들어 고심 끝에 '도움'이라는 단어를 선택했습니다.

단 한 분이라도 제 글을 읽고, "아 그럴 수 있겠다." 라는 공감을 하고 이를 통해 조금 더 창의적 마인드, 창조적 습관을 가질 수만 있다면 제가 이 책을 쓴 긴 여정이 훌륭히 보상받을 수 있을 듯합니다. 점점 창의성, 창조성 그리고 영어 단어로 표현을 하면 Creative가 중요시되고 있습니다. 알고 있습니다. 믿고 있습니다. 이 창의성이 얼마나 중요한지 충분히 아니 너무나 잘 느끼고 있습니다.

그러나 그 방법론이 없는 게 아쉬웠습니다. 다들 교과서적인 얘기만 합니다. 좌뇌, 우뇌가 어떻고 말합니다.

그래서 저는 조금 실생활에서 직접 할 수 있는 그런 방법에 대해 생각했습니다. 그래서 끄적 끄적 메모를 했고, 카카오톡 나에게 보내는 메시지로 수년 간 이런 저런 아이디어를 정리했던 거였습니다. 수려한 문장을 쓸 실력이 부족합니다. 그랬다면 소설가나 시인이 됐을 겁니다. 엄청난 논리력을 갖추지도 못했을 겁니다. 그랬다면 칼럼니스트가 됐을 겁니다. 그냥 실생활에서 느낀 일상의 소소한 느낌을 가장 편한 어투로 전할 뿐이었습니다. 편히 읽어 주셨다면 저에게는 참 다행입니다. 앞으로도 저는 이 'creative'의 길을 걷고 싶습니다. 이 가치가 앞으로 대한민국의 미래에 답을 내줄 수 있을 것이라 생각하기 때문입니다. 그 어떤 것에도 이 'creative'의 가치가 포함된다면 성공할 가능성은 높아집니다.

지금까지 잘 읽어주셔서 감사합니다. 부디 작은 실천으로 큰 변화를 일으켰으면 합니다. 하루 하루의 일상이 아름다움입니다. 그 일상에 위대함이 있습니다. 일상과 일상의 연결이 나의 삶, 나의 인생입니다. 그 일상의 습관을, 조금씩이라도 다르게 꾸며 보는 겁니다.

Creative Class가 돼 있을 겁니다. 그때 인사하시죠?

許作크? 예! 許作크!

창의적 습관을 가진 자들끼리의 인사법.

許作크적 습관을 가졌느냐? 許作크적 습관을 갖지 못했느냐?

許作크!

감사합니다.
2020년 코로나19 가을. 許作크 올림.

조금 다름'이 주는
내 인생의 닮음,

초판 1쇄 인쇄 | 2020년 11월 11일
초판 2쇄 발행 | 2020년 11월 27일

지은이 | 허연회
발행인 | 유근석
기획 | 정혜영
디자인 | 김세진, 박유진

펴낸곳 | 한국경제매거진
출판신고번호 | 제301-2006-008호(2-4316)
주소 | 서울시 중구 청파로 463 한국경제신문 15층
구입 문의 | 02-360-4836
https://magazine.hankyung.com

값 16,000원
ISBN | 979-11-85272-47-4

* 이 책은 저작권법에 따라 보호받는 저작물이므로 무단 전재와 복제를 금합니다.
  잘못 만들어진 책은 구입처에서 바꿔드립니다.